Kirsten / Müller-Schwarz
GruppenTraining
978-3-89927-004-4

ad libri

Gruppen bestimmen unseren sozialen Alltag. Beruflicher Erfolg und die Befriedigung privater Bedürfnisse hängen stark davon ab, wie gut wir mit anderen auskommen – am Arbeitsplatz, unter Bekannten oder in der Öffentlichkeit.

Sind wir in Gruppen, tauchen immer wieder die gleichen Fragen auf:
- Wie stelle ich meine Wirkung auf andere fest?
- Wie finde ich schnell Kontakt?
- Wie verschaffe ich mir Gehör?
- Wie kann ich Teamarbeit effizienter machen?
- Wie kann ich Entscheidungen beeinflussen?
- Wie kann ich Konflikte und Spannungen lösen?

Guter Wille allein löst diese Probleme nicht. Weit mehr nützt die Kenntnis gruppendynamischer Abläufe, wie sie dieses Aktionsbuch eingängig vermittelt. Informierende Texte, unterhaltende Spiele, Übungen und Tests helfen, die Gesetze des eigenen und fremden Verhaltens zu durchschauen. Vor allem aber zeigen sie, wie man besseres Verhalten erproben und anwenden kann.
Führungskräfte, Projektleiter, Mitarbeiter, Diskussionsleiter, Lehrer, Ausbilder, Sozialarbeiter, Eltern, Vereinsmitglieder – kurz alle, die mit oder in Gruppen arbeiten, können so aktiv lernen, mit sich selbst und anderen besser umzugehen.

Rainer E. Kirsten studierte nach einer Ausbildung zum Außenhandelskaufmann an der Universität Hamburg Wirtschaftspädagogik, Soziologie und Psychologie. Nach dem Hochschulabschluss Mitarbeit bei der Entwicklung eines gruppendynamischen Trainingsprogramms zur Förderung von Kommunikation und Kooperation in Lern- und Arbeitsgruppen im Rahmen eines Forschungsprojekts der VolkswagenStiftung. Danach freiberufliche Beratung und Training mit gruppendynamischen Methoden bei Unternehmen und Institutionen der Erwachsenenbildung in Wirtschaft, Verwaltung und im Sozialbereich. Inzwischen liegt sein Arbeitsschwerpunkt in der Entwicklung multimedialer Schulungsprogramme.

Joachim Müller-Schwarz ist Gründer des Wirtschaftspädagogischen Instituts (WPI) in Hannover. Seine pädagogische, psychologische und betriebswirtschaftliche Ausbildung erhielt er in Frankfurt. Durch einen Studienaufenthalt in den USA und angewandte Kommunikations- und Gruppenforschung hat er neue Methoden auf dem Gebiet des Personaltrainings und der Personalförderung entwickelt. Sein Erfahrungspotenzial in der Arbeit mit über- und innerbetrieblich trainierten Gruppen ist in dieses Buch eingeflossen.

Rainer E. Kirsten
Joachim Müller-Schwarz

GRUPPEN TRAINING

Erfolgreich arbeiten
in und mit Gruppen

Ein Lern- und Übungsbuch zur
Gruppendynamik
mit zahlreichen Psycho-Spielen,
Trainingsaufgaben und Tests

adlibri Verlag

Vollständig überarbeitete Neuausgabe
Mai 2008

Die Erstausgabe erschien 1973 in der Deutschen Verlags-Anstalt,
Stuttgart

Gestaltung und Satz: adlibri VerlagsService

Umschlaggestaltung: Wibcke Klett
unter Verwendung einer Grafik von Hans-Ulrich Osterwalder

Herstellung: BoD, Norderstedt

adlibri Verlag GmbH & Co. KG
Postfach 13 01 91, D-20101 Hamburg
www.adlibri.de

Printed in Germany 2008
ISBN-13: 978-3-89927-004-4

Vorwort zur Neuausgabe

Als wir seinerzeit beschlossen, unsere Erfahrungen und Erkenntnisse in der Arbeit mit Gruppen als Buch zu veröffentlichen, war „Gruppendynamik" – zumindest in Deutschland – für die meisten, und auch für Fachleute im Training, nicht mehr als ein exotisches Fremdwort und bestenfalls Tummelplatz für ein paar Eingeweihte.

Als engagierte Pioniere für gruppendynamische Trainingsmethoden freuen wir uns natürlich, dass sich das geändert hat – und unser Buch im Laufe der Jahre sogar ein Longseller geworden ist.

Obwohl wir zunächst lediglich eine Einführung für Laien schreiben wollten, ist GruppenTraining auch zu einem viel genutzten Handbuch für alle geworden, die professionell mit Gruppen arbeiten.

Wir haben dies bei der Gestaltung der Neuauflage berücksichtigt:

- Die bislang hauptsächlich unter ästhetischen Gesichtspunkten gestalteten Übersichten, Tabellen, Tests usw. sind jetzt so aufgebaut, dass sie eins zu eins auch im Profi-Einsatz genutzt werden können.
- Das Buch wurde um ein ausführliches Sach- und Personen-Register ergänzt; hier sind auch – nach Stichwörtern geordnet – alle im Buch beschriebenen Spiele, Übungen und Tests aufgeführt, sodass Sie sich leicht einen für Ihre Zwecke maßgeschneiderten Trainingsablauf zusammenstellen können.

Wir hoffen, dass GruppenTraining damit noch praxisgerechter geworden ist und ein Begleiter für Ihren täglichen Umgang in und mit Gruppen wird.

Rainer E. Kirsten, Joachim Müller-Schwarz
Hamburg und Hannover, Januar 2008

Inhalt

Warum Gruppentraining?

Sich selbst und andere besser verstehen lernen, mit sich selbst und anderen besser umgehen können – das sind die wichtigsten Trainingsziele dieses Buches:

Nicht nur unser beruflicher Erfolg – auch die Befriedigung unserer privaten Wünsche und Bedürfnisse hängen weitgehend davon ab, wie gut wir mit all den Gruppen, mit und in denen wir uns täglich bewegen, auskommen.

In der Regel treten wir anderen Menschen ja nicht als Einzelwesen gegenüber – wir haben es meistens mit mehr oder weniger strukturierten Gruppen zu tun: der Gruppe der Kollegen im Betrieb, der Gruppe im Wartezimmer eines Arztes, Gruppen von Freunden und Bekannten im Verein oder auf einer Party.

Wir *begegnen* aber nicht nur Gruppen – wir sind natürlich auch zu jeder Zeit *Mitglied* von Gruppen.

Woran liegt es nun, dass einige Menschen die »geheimnisvollen« Gesetze zu beherrschen scheinen, wie man in fast jeder Gruppe sofort Kontakt findet und Einfluss gewinnt?

Wir folgen ihnen, und niemand weiß eigentlich so recht, warum! Kaum kommen sie in eine Gesellschaft, »dreht« sich bald alles – im wahrsten Sinne des Wortes – um sie. Andere dagegen scheinen in Gruppen ewig »Mauerblümchen« zu bleiben, auch wenn wir sie unter vier Augen als durchaus interessante und wertvolle Menschen kennen.

In diesem Buch möchten wir Ihnen vermitteln, dass die Erfolgsregeln für das menschliche Zusammenleben keineswegs geheimnisvoll sind.

Und da ein Spiel mehr als tausend Worte sagt, behandeln wir alle Themen in diesem Buch nicht nur theoretisch. In jedem Kapitel finden Sie zahlreiche nicht nur unterhaltende, sondern auch interessante und spannende Gruppenspiele, Übungen und Tests, in denen Sie die Regeln und Gesetze des eigenen und fremden Verhaltens in Gruppen zu durchschauen lernen – und vor allen Dingen besseres Verhalten erproben und anwenden können.

Die Erfahrung hat gezeigt, dass sich im Spiel grundsätzliche Verhaltensweisen eines Menschen nicht ändern. Sie können also ohne weiteres das Spiel als ein Modell des Ernstfalles betrachten. So einfach und unterhaltend manche Spiele und Übungen Ihnen daher zunächst erscheinen mögen – Sie werden schnell feststellen, wie viel Wirklichkeit unseres sozialen Alltags darin steckt!

Sie können daher die in diesem Buch beschriebenen Spiele als unterhaltende, interessante und meist auch spannende Gesellschaftsspiele einsetzen, mit denen Sie einen Abend mit Freunden einmal anders als üblich gestalten können – mindestens so interessant ist aber auch ihre Einsatzmöglichkeit in bestehenden Gruppen, zum Beispiel für Arbeitsteams oder Projektgruppen.

Für welche Möglichkeiten des Einsatzes Sie sich entscheiden – in jedem Fall werden Sie lernen, die sich in Gruppen entwickelnden typischen Prozesse besser zu durchschauen und vor allem mögliche Konfliktpotenziale schneller zu erkennen und auftauchende Probleme effizienter zu lösen.

Wir wünschen Ihnen für Ihre Arbeit in und mit Gruppen
viel Erfolg!

1 Wie wirke ich auf andere?

Stellen Sie sich einmal vor, eine gute Fee nähme Sie auf einem vornehmen und etwas steifen Abendempfang Ihres Chefs plötzlich bei der Hand und entführte Sie in weniger als einer Sekunde zu einem fröhlichen Hippie-Fest an die Riviera! Vielleicht haben Sie von einer solchen Fee schon lange geträumt, aber nun, mit dem Sektglas in der Hand und eingezwängt in Smoking und steife Hemdbrust, werden Sie sich unter all den leichtlebigen Blumenkindern wohl kaum wohlfühlen! Sie werden – sicher zu Recht – annehmen, dass man Sie in Ihrem Aufzug dort nicht ganz ernst nimmt, und Ihr Verhalten ist dementsprechend unsicher.

Oft wissen wir nicht genau, welche Vorstellungen andere über uns haben, und schätzen diese falsch ein.

Das, was man allgemein als Selbst-Sicherheit, Selbst-Vertrauen oder Selbst-Achtung bezeichnet, wird eben nicht allein durch unsere Persönlichkeit bestimmt. (Was bedeutet überhaupt »Persönlichkeit«? Wir werden später noch darauf zurückkommen.) In jeder Situation, in der wir mit anderen Menschen zu tun haben, beobachten wir uns sozusagen auch durch deren Augen. Und nicht nur unser Verhalten, auch ein großer Teil unserer Kenntnis über das eigene »Ich« – unsere Selbsteinschätzung – hängt ab von dem Bild, das andere vermeintlich von uns haben. Die Mutter sagt zu Peter: »Du bist aber ein prächtiger Junge!« – und Peter glaubt (jedenfalls in diesem Moment), dass er ein prächtiger Junge ist.

Um diesen Sachverhalt noch einmal ganz deutlich zu machen: Unser Selbstbild hängt also nicht davon ab, wie andere uns wirklich sehen (dem objektiven Fremdbild), sondern von dem Fremdbild, das unserer Meinung nach andere von uns haben. Von diesem *vermuteten* Fremdbild wird ein großer Teil unseres sozialen Verhaltens beeinflusst.

Der Literaturwissenschaftler, der eben noch so selbstsicher im Kreise seiner Fachkollegen diskutierte, scheint sich tatsächlich in »einen anderen Menschen« zu verwandeln, wenn er beispielsweise in der Reparaturwerkstatt darüber spricht, ob die Stoßdämpfer an seinem Wagen erneuerungsbedürftig sind oder nicht. Er – der Laie – fühlt sich hier unsicher und dem Mechaniker unterlegen.

Wir können es täglich an uns selbst erfahren, dass wir unser Verhalten auf die von uns vermutete Wirkung unserer Person auf andere Menschen abstimmen. Das kommt gerade auch in der Sprache zum Ausdruck: »Sie werden jetzt sicher von mir denken, dass...« – dieser Satz zeigt, dass wir die Meinung des anderen gedanklich schon vorweggenommen haben!

Oft wissen wir gar nicht genau, was andere für Vorstellungen von uns haben, oder wir schätzen diese Vorstellungen falsch ein. Wenn wir merken, dass die anderen uns ganz anders sehen, als wir gedacht haben, ändern wir meistens auch unser Verhalten. Wir erfahren zum Beispiel, dass ein bestimmter Mensch uns sehr gern mag – und sofort werden auch wir ihm gegenüber viel aufgeschlossener.

Wie können wir nun mehr darüber erfahren, wie andere uns wirklich sehen?

Das Fenster mit dem blinden Fleck

A Bereich des freien Handelns	**B** Bereich des „blinden Flecks"	*Dem anderen bekannt*
C Bereich des Verbergens	**D** Bereich des Unbewussten	*Dem anderen nicht bekannt*
Dem Selbst bekannt	*Dem Selbst nicht bekannt*	

Die obige Abbildung soll zeigen, dass sich unsere zwischenmenschlichen Beziehungen in einem Rahmen abspielen, den man als Fenster mit vier Flügeln bezeichnen kann. **FLÜGEL A** (die öffentliche
Person) ist der Teil unseres Selbst, der uns und anderen bekannt ist.
Er ist der Bereich unseres freien Handelns, in dem wir nichts vor anderen verbergen. Flügel B ist der »blinde Fleck« in unserem Verhal-
tens-Fenster. Dieser blinde Fleck bedeutet, dass andere oft mehr über
uns wissen als wir selbst, ihr Fremdbild über uns stimmt also nicht
mit unserem Selbstbild überein. **FLÜGEL B** enthält alle unsere unbewussten Gewohnheiten, Vorurteile und Zuneigungen. Wir sind oft
sehr überrascht, wenn andere uns darauf aufmerksam machen – uns
»die Augen öffnen« über eine Stelle in unserem Bild, die wir selbst
noch nicht entdeckt haben. **FLÜGEL C** (die private Person) ist der Bereich unseres Denkens und Handelns, den wir bewusst vor anderen

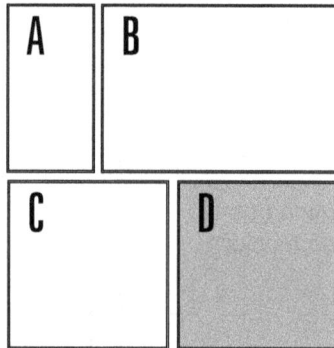

Fenster 1

verbergen – unsere heimlichen Wünsche vielleicht oder Dinge, die wir verheimlichen, weil hier unsere »empfindlichen Stellen« liegen oder weil wir glauben, dass sie von anderen abgelehnt werden. **FLÜGEL D** schließlich ist der Bereich des Unbewussten, der weder uns noch anderen zugänglich ist, der Teil unseres Selbst also, mit dem sich die Tiefenpsychologen beschäftigen, der uns an dieser Stelle aber noch nicht interessieren soll. Sehen wir uns nun die vier Fenster auf den Seiten 16 – 18 an:

FENSTER 1 zeigt die typische Situation eines Menschen in einer ihm fremden Gruppe. Der Bereich A ist hier sehr klein. Er weiß noch nicht, was die anderen »von ihm halten«, und er weiß noch nicht, wie viel er von seiner »privaten Person« hier preisgeben darf. Die Frage »Wie kann ich mich in dieser Umgebung verhalten?« muss erst noch gelöst werden. Wegen dieser zunächst ungelösten Frage bedeuten fremde Menschen und Gruppen anfangs immer eine Art Bedrohung für uns, der Bereich unseres freien Handelns (A) ist entsprechend eingeschränkt. Wenn wir davon ausgehen, dass Menschen das Bedürfnis haben, Flügel A auszuweiten, sehen wir sofort, dass wir dafür die Bereiche B und C einschränken müssen. Dies fällt uns oft schwer, weil wir in unserer Kultur meist dazu erzogen werden, anderen Menschen zunächst mit Misstrauen zu begegnen. Wir müssen daher bewusst daran arbeiten, die Bereiche B und C zu verkleinern. Wenn wir »Freiheit« und »frei sein« einmal mit »möglichst uneingeschränkt handeln können« übersetzen, wird uns das sofort verständlich. Umgekehrt ist

Fremde Menschen und Gruppen bedeuten anfangs immer eine Art Bedrohung für uns!

Fenster 2

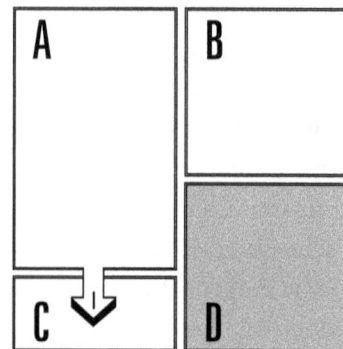

in unserem Sprachgebrauch ein »un-
freier« ein »misstrauischer« und
»gehemmter« Mensch. Sogar an
der Art der Bewegungen kann man
also oft erkennen, ob wir uns in bestimmten Situationen »frei« fühlen.

In **FENSTER 2** ist der Bereich C
(unsere private Person) schon etwas
abgebaut. Der Pfeil »I« steht für Information. Er soll deutlich machen,
dass wir Bereich C nur abbauen kön-

Fenster 3

nen, wenn wir dazu bereit sind, Privates preiszugeben. Diese wichtige
Fähigkeit, anderen Menschen Informationen über uns selbst zu geben,
nennt man Vertrauen.

Pfeil »F« im **FENSTER 3** steht für »Feedback« (Rückkopplung).
Diesen Ausdruck (er bedeutet eigentlich eine »steuernde Information«) haben die Gruppenforscher aus der Kybernetik übernommen.
Unser Verhalten löst entsprechende Reaktionen bei anderen aus,
auf die wir wiederum reagieren, wenn wir diese Reaktionen, dieses
Feedback (das gesprochene Wort oder auch eine Körperbewegung)
sehen können. Wir sehen, dass wir den Bereich des »blinden Flecks«
nur abbauen können, wenn wir nicht nur lernen, über uns selbst zu
sprechen, sondern uns auch darum bemühen, die Meinung anderer
über uns zu erfahren, also Informationen darüber einholen, wie uns
die anderen sehen. Anderen Dinge über sich selbst mitzuteilen (Informationen geben), ist ein Ausdruck von
Vertrauen. Die Frage »Was denkst du eigentlich von
mir?« (Informationen einholen) ist eine Art Bitte um
Vertrauen.

*Feedback hilft uns, mehr
darüber zu erfahren, wie wir
auf andere wirken.*

FENSTER 4 zeigt: Informationen über sich preisgeben und Informationen über sich einholen sind die einzig wirk-
samen Verhaltensweisen, die den Bereich unseres freien Handelns
im sozialen Raum vergrößern können. Umgekehrt können wir es
natürlich anderen Menschen auch ermöglichen, uns gegenüber aufgeschlossener zu werden (also ihr Vertrauen zu gewinnen), wenn wir
sie um Informationen über sich bitten und ihnen ein Feedback über

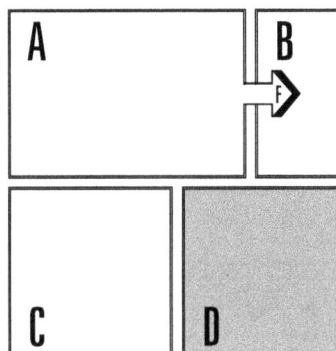

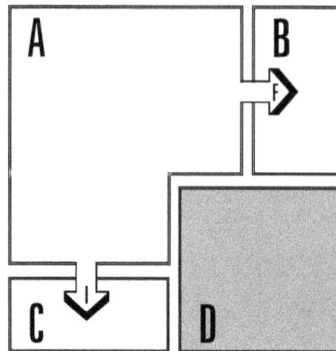

Fenster 4

ihr Verhalten geben – wir vergrößern damit den Bereich A bei anderen. Leider werden wir meist zum Gegenteil erzogen – »vornehme« gegenseitige Zurückhaltung gilt bei vielen noch immer als Tugend! Lassen Sie sich durch Enttäuschungen nicht entmutigen – denn Sie wissen von sich selbst, wie schwer es einem zuerst fällt, mit anderen offen über sich zu sprechen. Auf den nächsten Seiten finden Sie einen Test, der Sie bei Ihren Bemühungen unterstützen soll.

Übung Versuchen Sie in den nächsten Tagen als erste kleine Übung – zunächst bei guten Freunden und Bekannten – ganz bewusst

- das Selbstbild des anderen zu ergründen, das heißt, aufmerksamer zuzuhören, was er über sich selbst sagt und wie er das tut
- das Verständnis für Ihre eigenen Bereiche A, B und C zu erweitern
- anderen von Ihren privaten Wünschen, Hoffnungen und Ängsten zu erzählen
- anderen offen mitzuteilen, was Sie gern an ihnen mögen und was Sie weniger schätzen
- die ehrliche Meinung anderer Menschen über Ihr eigenes Verhalten einzuholen.

Mein Persönlichkeitsprofil

Wir haben gesehen, dass wir uns besser kennenlernen, wenn wir uns auch mit den Augen unserer Umwelt sehen, also den Bereich des »blinden Flecks« abbauen. Wir machen uns oft ganz falsche Vorstellungen davon, wie wir auf andere wirken. Das wäre zwar nicht weiter tragisch, wenn wir uns unabhängig von der vermuteten Meinung der anderen verhalten. Meistens ist das aber nicht der Fall, und deshalb ist es wichtig, das Bild, das andere von uns haben, kennenzulernen.

Bitten Sie Ihre Freunde und Bekannten, Ihr Persönlichkeitsprofil zu zeichnen, und korrigieren Sie Ihr Selbstbild!

Nur ein überzeugter Einzelgänger wird von sich sagen können: »Die Meinung der anderen Menschen kümmert mich nicht!« – ob er dabei aber glücklich (und ehrlich!) ist, ist eine andere Frage.

Test Versuchen Sie einmal, den Unterschied zwischen der von Ihnen vermuteten Fremdeinschätzung und der tatsächlichen Fremdeinschätzung Ihrer Umgebung festzustellen.

Eine geeignete Methode dafür ist das »Persönlichkeitsprofil«. In der Tabelle auf Seite 21 finden Sie einige Eigenschaften, mit denen Person und Verhalten eines Menschen charakterisiert werden können. Bei jeder dieser Eigenschaften können Sie die Werte 0 bis 4 ankreuzen – zum Beispiel »0« für »trifft nicht für mich zu« oder »4« für »trifft völlig zu«. Wenn Sie dann alle Kreuze durch eine Linie verbinden, erhalten Sie eine Art Profil, das bei jedem Menschen anders, eben charakteristisch verläuft. Setzen Sie nun noch ein Kreuz vor die drei Eigenschaften, von denen Sie meinen, dass sie Ihre Persönlichkeit besonders treffend kennzeichnen. Jetzt haben Sie das Profil Ihres *Selbstbildes* gezeichnet.

Wir haben schon gesagt, dass andere Sie meist anders sehen als Sie sich selbst. Zwischen dem Profil, das Ihnen ein Mitarbeiter oder Vorgesetzter, und dem Profil, das Ihnen Ihre besten Freunde geben werden, bestehen sicher Unterschiede, weil jeder einen ganz anderen Teil von Ihnen besonders intensiv wahrnimmt.

Wählen Sie zwei oder drei Menschen aus Ihrer Umgebung aus, und versuchen Sie sich jetzt vorzustellen, welche Profile Ihnen wohl diese Personen geben würden. Sie können so verschiedene Profile von vermuteten Fremdbildern zeichnen und diese den tatsächlichen Fremdbildern gegenüberstellen.

Vielleicht bitten Sie erst ein paar gute Bekannte, Ihr Persönlichkeitsprofil aufzustellen, bevor Sie sich an Kollegen oder Ihren Chef wenden.

Einen ziemlich genauen Eindruck Ihrer Persönlichkeit, wie sie sich anderen darstellt, bekommen Sie übrigens dann, wenn Sie die Fremdeinschätzungen zu einem Gesamtprofil addieren. Um unerwünschte »höfliche« Einschätzungen zu vermeiden, können Sie Fremdbeurteilungen auch anonym ausfüllen lassen oder einen anderen mit der Auswertung beauftragen.

So viel sei schon verraten: Sie werden überrascht feststellen, dass jeder dieser Bekannten Sie anders sieht – vor allem (mehr oder weniger) anders, als es Ihrem vermuteten Fremdbild entspricht!

Wir wollen zum Abschluss noch einmal betonen, dass eine solche Beurteilung nicht angibt, wer oder was Sie objektiv sind, sondern lediglich das subjektive Bild festhält, welches andere von Ihnen haben. Wenn Sie sehr große Unterschiede zwischen Selbst- und Fremdeinschätzung feststellen, sollten Sie anfangen, sich realistischer zu sehen, denn Sie können anderen Menschen weitaus weniger vormachen, als Sie vielleicht glauben. Und wenn die vermuteten und die tatsächlich von Ihren Bekannten aufgestellten Persönlichkeitsprofile sehr große Differenzen aufweisen, wäre dies ein klärendes Gespräch mit den Betreffenden bestimmt wert!

LITERATUR ZU DIESEM KAPITEL
J. Luft, S. 22 ff
A. Oldendorff, S. 53 ff
(Die Titelangaben zu den Autoren
finden Sie im Quellenverzeichnis.)

Persönlichkeitsprofil

	0	1	2	3	4
sachlich-nüchtern					
selbstbewusst					
tatkräftig, aktiv					
entschlossen					
temperamentvoll					
anpassungsfähig					
selbstbeherrscht					
zuverlässig					
aufgeschlossen					
schlagfertig					
kreativ					
intelligent					
begeisterungsfähig					
vielseitig					
ehrgeizig					
egozentrisch					
geltungsbedürftig					
impulsiv					
kontaktfreudig					
tolerant					
einfühlend					
ausgeglichen					
kompromissbereit					
optimistisch					
freundlich					
sympathisch					
ungeduldig					
objektiv-neutral					
hilfsbereit					
fähig, andere zu beeinflussen					
autoritär					
warmherzig					
dominant (beherrschend)					
unsicher					
aggressiv					

2 Keiner weiß so viel wie alle

*Der junge Alexander eroberte Indien. Er allein? Cäsar schlug
die Gallier. Hatte er nicht wenigstens einen Koch bei sich?*
Bertolt Brecht

Beim Bau von Pyramiden, beim Tauziehen und bei der Kriegsführung muss die Überlegenheit der großen Zahl von Menschen nicht erst bewiesen werden. Sie ist offensichtlich, auch wenn Pharaonen, Mannschaftskapitäne und Generäle solche Leistungen gern auf ihr Konto buchen.

Unsere hoch entwickelte Technik lässt den Einsatz von Menschen als Pyramidenbauer zwar immer bedeutungsloser erscheinen. Man kann aber zeigen, dass die Regel von der Vereinigung der Kräfte nicht nur für körperliche, sondern auch für geistige Leistungen gilt. Dazu können Sie selbst ein einfaches Experiment durchführen.

Test Die zehn Figuren auf Seite 25 sind alle unterschiedlich groß. Bevor Sie jetzt weiterlesen, versuchen Sie einmal, die Figuren nach ihrem Flächeninhalt zu ordnen, jedoch ohne irgendwelche Hilfsmittel zu benutzen! Geben Sie jeder Figur einen Rangplatz (von 1–10). Die richtige Reihenfolge der Figuren finden Sie im Anhang auf Seite 233.

Geben Sie Ihren Bekannten nun – jedem einzeln – die gleiche Aufgabe, und fassen Sie die so erhaltenen Rangreihen zu einer einzigen zusammen (Beispiel: Figur G hat die Plätze 2, 4 und 1 bekommen – Mittelwert also 7 : 3 = 2,33).

Sie werden verblüfft feststellen: Je mehr Personen diese Aufgabe lösen, desto besser wird das gemeinsame Ergebnis. Schon wenn Sie die Ergebnisse von etwa acht Personen zusammenfassen, erhalten Sie meist die richtige Reihenfolge der Figuren! Die Fehler in den einzelnen Reihen scheinen sich auszugleichen. Einer der Vorzüge der Teamarbeit liegt eben darin, dass sich dadurch die geistige Leistungsfähigkeit mehrerer einzelner Personen zusammenfassen lässt und damit die Gefahr falscher Entscheidungen verringert wird.

Dies ist aber nur *ein* Vorzug der Gruppenleistung gegenüber der Einzelleistung. Einen weitaus bedeutenderen Vorteil entdeckte Elton Mayo sozusagen als überraschendes Nebenergebnis bei seinen berühmt gewordenen Untersuchungen in den Hawthorne-Werken. Mayo stellte fest, dass sich die Arbeitsleistungen einer bestimmten Versuchsgruppe von Löterinnen ständig verbesserten, selbst als man die Arbeitsbedingungen der Gruppe (z. B. die Beleuchtung) verschlechterte. Die Arbeiterinnen hatten im Lauf der Experimente Mayos ein besonderes Zusammengehörigkeitsgefühl entwickelt, und damit verbesserten sich auch die Zufriedenheit und die Leistung bei der Arbeit. (Über die Hintergründe dieses Phänomens werden wir noch in einem besonderen Abschnitt sprechen.)

Eine Gruppe mit einem guten Gruppenklima hat eine starke Motivationswirkung für ihre einzelnen Mitglieder, die zu Leistungen mitreißen kann, die in Einzelarbeit meist nicht erzielt würden. Diesem Phänomen sind wir wohl alle in irgendeiner Form schon einmal begegnet.

In unserem kleinen Figuren-Experiment hatten wir nur eine künstlich zusammengesetzte Gruppe, als wir die einzelnen Rangreihen zu einer einzigen zusammenfassten. Wie eine reale Gruppe in einer einfachen Entscheidungssituation arbeitet, wollen wir in folgendem »NASA-Spiel« untersuchen.

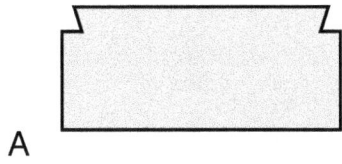

A

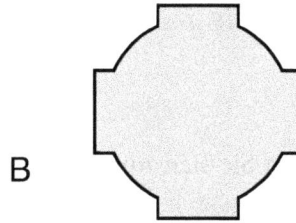

B

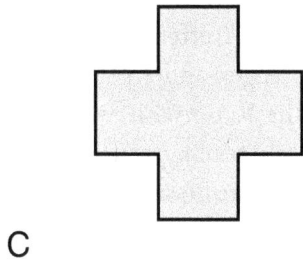

C

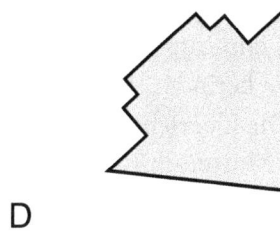

D

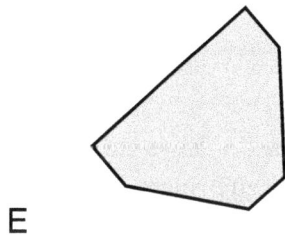

E

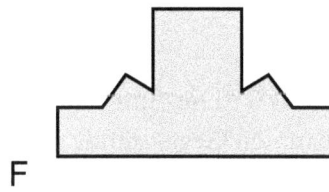

F

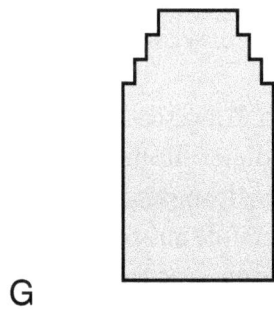

G

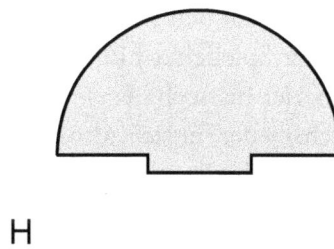

H

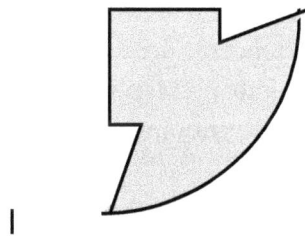

I

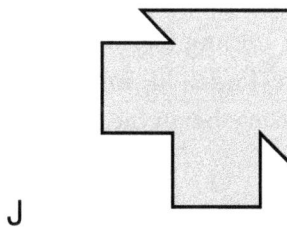

J

NASA-Weltraum-Spiel

Machen Sie sich nun mit der Ausgangssituation unseres ersten Ent-
scheidungsspiels vertraut:

Ihr Weltraumschiff hat auf dem Mond gerade eine Bruchlandung
hingelegt. Eigentlich sollten Sie Ihr Mutterschiff treffen, das sich 200
Meilen entfernt auf der hellen (der Sonne zugewandten) Seite des
Mondes befindet. Die Bruchlandung hat Ihr Raumschiff völlig zer-
stört. Die Überlebenschance für Ihre Mannschaft hängt davon ab, ob
Sie das Mutterschiff erreichen. Von Ihrer Ausrüstung sind nur 15 Gegenstände heil geblieben. Sie müssen jetzt die Ausrüstungsgegenstände
auswählen, die für die Überwindung der 200 Meilen bis zum Stand-
ort Ihres Mutterschiffes am wichtigsten sind.

Spiel Die Aufgabe besteht darin, die in der Liste auf Seite 27
genannten Gegenstände in eine Rangordnung zu bringen. Setzen Sie
den Gegenstand, den Sie für den Marsch zum Mutterschiff als den
wichtigsten ansehen, auf den ersten Rangplatz der Liste, den zweit-
wichtigsten an die zweite Stelle und so fort. Der unwichtigste Gegenstand erhält den Rangplatz 15.

Der Spielleiter bildet (je nach der Zahl der Anwesenden) Teams
von vier bis sechs Personen. Die Mitglieder dieser Teams sollen zunächst jeder für sich, also ohne Hilfe der übrigen Teammitglieder, ihre
persönliche Rangskala der Ausrüstungsgegenstände aufstellen (Zeit:
etwa 15 Min.). Anschließend muss jedes Team eine gemeinsame
Gruppen-Rangskala erstellen, wobei die ab Seite 28 aufgeführten
Spielregeln beachtet werden sollen.

Die Lösung (sie wurde von einem Expertenteam der NASA entwickelt) finden Sie im Anhang auf Seite 233 – aber schlagen Sie bitte
nicht nach, bevor Sie Ihre eigene Bewertung vorgenommen haben.

Stellen Sie eine Rangskala der
Ausrüstungsgegenstände auf!

↓   Tragen Sie hier die Differenzen zwischen den
                           geschätzten und den richtigen Rangplätzen ein.

↓

	1	2	3	4	5
Streichhölzer					
Lebensmittelkonzentrat					
Fünfzig Fuß Nylonseil					
Fallschirmseide					
Tragbares Heizgerät					
Zwei 0,45-Kal.-Pistolen					
Trockenmilch					
Zwei 100-Pfund-Tanks Sauerstoff					
Stellar-Atlas (Mondkonstellation)					
Sich selbst aufblasendes Lebensrettungsfloß					
Magnetkompass					
Fünf Gallonen Wasser					
Signal-Leuchtkugeln					
Erste-Hilfe-Koffer mit Injektionsnadeln					
Mit Sonnenenergie angetriebener UKW-Sender/Empfänger					
Summe:					

Spielregeln für das NASA-Spiel

Jedes Team hat für die Erstellung der Rangfolge der Ausrüstungsgegenstände 45 Minuten Zeit. Es müssen dabei die folgenden Spielregeln beachtet werden:

Die Meinung eines jeden Teammitglieds soll bei der Entscheidung berücksichtigt werden, die Entscheidung soll aber möglichst einstimmig erfolgen. Nachdem die Gruppe ihre Rangskala festgelegt hat, füllen die Gruppenmitglieder (einzeln) den Beobachtungsbogen »Wie arbeite ich im Team?« auf Seite 31 aus.

Dieses Spiel soll unter anderem deutlich machen, dass bei der Lösung bestimmter Probleme die Lösung der schlechtesten Gruppe meist immer noch besser ist als die beste Einzellösung. Diese Hypothese können Sie mithilfe des Lösungsbogens auf Seite 27 überprüfen. Zunächst brauchen Sie ein Maß für die Qualität einer Lösung. Tragen Sie in die Spalten für jedes Gruppenmitglied die Differenzen (immer mit positivem Vorzeichen) zwischen den geschätzten und den richtigen Rangplätzen (s. Anhang, Seite 233) ein. Dann zählen Sie die Differenzen im untersten Feld der Spalte zusammen. (Ein Beispiel: Gruppenmitglied 1 hat den Streichhölzern den 10. und dem Lebensmittelkonzentrat den 7. Rangplatz gegeben. Richtige Lösung: Platz 15 bzw. 4. Differenzen zwischen Einschätzung und richtiger Lösung: 5 bzw. 3, Summe: 8.)

Je niedriger die Summe der 15 Differenzen am Ende ist, desto besser ist natürlich auch die Lösung des Gruppenmitgliedes. Die gleiche Rechnung wiederholen Sie jetzt für die Lösung jeder Gruppe, um die Qualität der gemeinsamen Lösung festzustellen.

Bei der Lösung bestimmter Probleme ist die schlechteste Gruppe meist immer noch besser als der beste Einzelgänger!

Nun können Sie unsere Hypothese überprüfen: Ist das beste Einzelergebnis schlechter als das schlechteste Gruppenergebnis? Oder war etwa ein Gruppenmitglied in seiner Einzelschätzung sogar besser als die Gesamtgruppe mit ihrer gemeinsam erarbeiteten Einschätzung?

Im Anhang auf Seite 233 finden Sie neben der Lösung auch eine Begründung, warum die NASA-Experten bestimmte Ausrüstungsgegenstände für wichtig oder weniger wichtig hielten.

Beginnen Sie aber jetzt keinen Streit darüber, ob die Experten recht haben oder nicht. Wichtiger ist die Frage, warum vielleicht ein Team so gut abgeschnitten hat, obwohl die Einzelergebnisse der Teammitglieder bestenfalls nur durchschnittlich waren. Ebenso kann es auch vorkommen, dass ein Gruppenergebnis schließlich schlechter wird als das Ergebnis des besten Gruppenmitgliedes. Das kann zum Beispiel dann der Fall sein, wenn ein Gruppenmitglied (es braucht nicht unbedingt der Experte für dieses Problem zu sein) besonders dominierend ist, die Meinungen der anderen unterdrückt und damit eine echte Gruppenlösung verhindert.

Aber auch zum Unterdrücken gehören bekanntlich zwei – also auch derjenige, der sich unterdrücken lässt. Damit kommen wir zu der wichtigen Einsicht, dass eine bestimmte Verhaltensweise (autoritär, freundlich, schüchtern usw.) immer auf einer sozialen Beziehung zwischen mindestens zwei Personen beruht. Solche sozialen Beziehungen beziehungsweise deren Verlauf bezeichnet man als »Interaktion«, und da die Art dieser Interaktionen auch das Verhalten und die Leistung von Gruppen bestimmen, muss hier näher darauf eingegangen werden.

Jedes Gespräch zwischen zwei Personen ist eine Kette sprachlicher (verbaler) Interaktionen, bei der man sich gegenseitig gewissermaßen die Bälle zuspielt. Man sieht sofort, dass die Art des Zuspiels durchaus unterschiedlich sein kann. »Hör auf zu reden!«, »Stillgestanden!«, »Hierher!« – hinter solchen Äußerungen steht eine sehr einseitige (asymmetrische) Interaktionsform, bei der meist einer der beiden Partner der mächtigere ist.

Aber auch ein bloßes Nicht-Hinhören oder ein Übergehen einer Äußerung in der Hitze des Gefechts ist eine Form nichtsprachlicher (nonverbaler) Interaktion, die eine erfolgreiche Teamarbeit sehr behindern kann.

Im Folgenden finden Sie daher einen Beobachtungsbogen, der das »soziale Auge« der NASA-Spieler für ihre in der Teamarbeit überwiegend angewendete Interaktionsweise schärfen soll.

Wie arbeite ich im Team?

Den Beobachtungsbogen können Sie nicht nur für das NASA-Spiel, sondern auch für viele andere Spiele und Übungen dieses Buches verwenden, in denen Gruppen bestimmte Arbeitsaufgaben zu lösen haben. Sie können ihn als eine Art Spiegel benutzen, in dem sich jedes Gruppenmitglied mit den Augen der anderen betrachten kann.

Test Zunächst bekommt jedes Gruppenmitglied eine Nummer. Dann beantwortet jeder (für sich allein) die Fragen A, B und C und trägt die Ergebnisse in die Tabelle ein. Dabei ist jeweils nur eine (+/−) Wahl möglich.

Stellen Sie dann fest, wer unter A, B und C die meisten und wer die wenigsten Plus- und Minuspunkte bekommen hat.

Jetzt wäre es wichtig, die Frage zu stellen, warum ein Mitglied für beweglich und vielseitig, ein anderes dagegen für dominierend gehalten wird. Bei der Lösung von Aufgaben im Team kann man im Verhalten der Teammitglieder zueinander folgende drei Formen unterscheiden:

- selbst-orientiertes Verhalten
- aufgaben-orientiertes Verhalten und
- interaktions-orientiertes Verhalten.

Beobachtungsbogen

Nr.	Name	A	B	C
1				
2				
3				
4				
5				
6				
7				

Diesen Beobachtungsbogen können Sie für viele Spiele verwenden!

FRAGEN ZUM BEOBACHTUNGSBOGEN

A. Wer hat bei der vergangenen Gruppenarbeit am meisten (+)/ am wenigsten (−) zu *beeinflussen* versucht?

B. Wer hat bisher der Gruppe am meisten (+)/ am wenigsten (−) geholfen, ihre *Aufgabe* zu erfüllen?

C. Wer war das *beweglichste* und *vielseitigste* Gruppenmitglied (+)/ wer das unbeweglichste (−)?

Hinweise zum Beobachten des konkreten Verhaltens finden Sie ab Seite 32.

Verhalten in einer Arbeitsgruppe

A. SELBST-ORIENTIERTES VERHALTEN

Welche Gruppenmitglieder zeigten durch ihr Verhalten, dass sie mehr an der Erfüllung der eigenen Bedürfnisse interessiert waren als daran, der Gruppe bei ihrer Aufgabe zu helfen?

Beobachtetes Verhalten:
- Versuche, die Diskussion zu beherrschen
- andere unterbrechen
- nicht zuhören können
- übererregt und empfindlich reagieren
- über Argumente hinweggehen
- Verantwortung ablehnen

B. AUFGABEN-ORIENTIERTES VERHALTEN

Welche Gruppenmitglieder richteten ihr Hauptinteresse darauf, die Gruppenaufgabe zu lösen?

Beobachtetes Verhalten:
- Arbeitsprozesse in Gang bringen
- Informationen mit anderen teilen
- Meinungen vertreten
- organisieren
- Probleme klären
- zusammenfassen
- Übereinstimmung feststellen

C. Interaktions-orientiertes Verhalten

Welche Gruppenmitglieder waren hauptsächlich an den anderen Gruppenmitgliedern interessiert und haben ihnen geholfen, wirksam zusammenarbeiten zu können?

Beobachtetes Verhalten:
- andere ansprechen
- andere in die Diskussion hineinziehen
- Vermitteln bei unterschiedlichen Meinungen
- Aufgreifen und Beachten guter Beiträge
- Spannungen erleichtern
- Kooperation ermutigen

Prüfen Sie in der Spielauswertung einmal nach, wie diese drei Verhaltensweisen dazu beitragen, dass einzelne Gruppenmitglieder von der Gruppe als dominant (A), helfend (B) oder beweglich (C) gesehen werden.

Sicher werden Sie sich Gedanken darüber gemacht haben, warum einige Gruppen beim NASA-Spiel besser abgeschnitten haben als andere. Diskutieren Sie darüber, wie das selbst-, interaktions- oder aufgaben-orientierte Verhalten der Gruppenmitglieder die Leistung des Teams beeinflusste!

Mit-teilen

Bei einer selbstkritischen Überprüfung Ihres eigenen Verhaltens im Team werden Sie vielleicht feststellen, dass in Ihrem Interaktionsstil – also in der Art, wie Sie mit den anderen umgehen – eine der drei oben beschriebenen Verhaltensweisen besonders stark vertreten ist. Ideal wäre eine möglichst gleichmäßige Mischung aus selbstorientiertem, interaktions-orientiertem und aufgabenorientiertem Verhaltens in einer Arbeitsgruppe.

Ein interaktions-orientiertes Verhalten wirkt sich positiv auf die Zusammenarbeit einer Gruppe aus.

Besonders am Anfang wird aber meist ein selbstorientiertes Verhalten der einzelnen Gruppenmitglieder überwiegen und besonders das Eingehen auf die anderen (interaktions-orientiertes Verhalten) vernachlässigt. Persönliche Bedürfnisse (Bedürfnis nach Anerkennung und Macht zum Beispiel) können den Arbeitsprozess eines Teams erheblich behindern. Ein interaktions-orientiertes Verhalten wirkt sich dagegen positiv auf die Zusammenarbeit der Gruppe aus und fördert ein emotionales Klima der gegenseitigen Anerkennung, das der Einzelne braucht, um »mitgerissen« zu werden. Beobachten Sie daher einmal – etwa bei der nächsten Konferenz –, wie sich Ihre Mitteilungen an andere einordnen lassen. Schreiben Sie typische Sätze für selbst-orientiertes, interaktions-orientiertes und aufgabenorientiertes Verhalten auf, die Sie bei sich und anderen beobachten.

Mitteilung kommt von mit-*teilen*. In einem echten Gespräch ist der andere nie bloßer Zuhörer, sondern aktiver Partner, der sich die Aufgabe der Kommunikation mit seinem Gegenüber teilt. Kommunikation ist also nie eine einseitige Handlung eines Sprechenden, sondern ein Prozess zwischen Personen. »Verstehen« setzt das »Einverständnis« des Zuhörers voraus! Hörer und Zuhörer bilden also stets eine Einheit, deren Funktion vom guten Willen beider Partner abhängt.

Übung

Üben Sie bewusst Ihr interaktions-orientiertes Verhalten, indem Sie in der nächsten Zeit verstärkt

- Informationen geben
- aufmerksam zuhören
- die Meinung anderer erfragen
- gute Ideen unterstützen
- Schüchterne ins Gespräch ziehen
- um Rat fragen
- zusammenfassen
- Übereinstimmungen finden
  bei unterschiedlichen Meinungen.

LITERATUR ZU DIESEM KAPITEL
P. Hofstätter, S. 29 ff
Hofstätter/Tack, S. 120 – 131

3 Entscheidungsprozesse

Während des Zweiten Weltkriegs versuchte man in den USA, Mütter von Kleinkindern mit gesünderen Ernährungsmethoden vertraut zu machen. Da es an Frischgemüsen mangelte, sollten die Mütter dazu übergehen, Lebertran und Orangensaft als Babynahrung zu verwenden.

Um herauszufinden, wie man am wirksamsten von der neuen Ernährungsmethode überzeugen konnte, wurden zwei verschiedene Arten der Instruktion ausprobiert. In einer Gruppe wurden die Mütter lediglich in einem Vortrag von 20 Minuten von einem Ernährungsexperten unterrichtet. In der anderen Versuchsgruppe wurde je sechs Müttern zusammen ein zehnminütiger Vortrag gehalten, anschließend gab man ihnen weitere 10 Minuten Zeit, um über das Gehörte zu diskutieren.

Die Art der Kommunikation spielt in Entscheidungsprozessen eine große Rolle.

Wie die anschließende Überprüfung ergab, entschieden sich nur 40 Prozent der Mütter, die den Vortrag gehört hatten, anschließend, ihren Kindern die empfohlenen Nahrungsmittel zu geben. Bei den Gruppen, denen man Gelegenheit zur Diskussion gegeben hatte, waren es dagegen 90 Prozent!

Wir haben eben gesehen, wie wichtig eine gute Kommunikation für die Leistung einer Gruppe ist – dieser Versuch macht nun überzeugend klar, dass geeignete Kommunikationsmöglichkeiten auch in Entscheidungsprozessen eine große Rolle spielen. Zu einem Entscheidungsprozess gehören ja nicht nur das Lösen des Sachproblems und die dazu notwendige Kommunikation des Teams. Nach Möglichkeit sollen die Beteiligten auch von der Richtigkeit einer Entscheidung überzeugt sein und sie vertreten!

Man darf nie vergessen, dass vor jeder Entscheidung in einem Team zunächst unterschiedliche Meinungen und damit auch Konflikte bestehen. Oft sind nicht nur die Meinungen darüber, wie ein Ziel zu erreichen sei, verschieden – es bestehen auch über das Ziel selbst recht unterschiedliche Auffassungen. Bevor man sich einigt, wie man am schnellsten ins Kino oder ins Theater kommt, muss man sich ja erst darüber klar werden, ob man nun ins Kino oder ins Theater geht! Aus den unterschiedlichen Interessenlagen resultieren dann, je nach der Bedeutung des Ziels, entsprechende Machtkämpfe. Um das zu verhindern, sollte man in Entscheidungsdiskussionen methodisch vorgehen:

Auch bei gleichen Interessen gibt es in jedem Team zunächst Konflikte!

- Das Ziel und die Mittel zum Erreichen des Ziels müssen genau bestimmt werden.
  (Was wollen wir erreichen? Wie wollen wir es erreichen?)

- Man muss sich über Kriterien einigen, nach denen die Lösungen bewertet werden sollen.
  (Wie entscheiden wir, ob eine Lösung für unser Problem geeignet ist? Können wir einen Maßstab für die Eignung finden?)

- Die unterschiedlichen Interessenlagen, Zielvorstellungen und Bewertungskriterien müssen jedem klar sein.
  (Was will jeder Einzelne eigentlich mit der Lösung erreichen? Warum ist die Entscheidung für ihn wichtig?)

- Alle verfügbaren Informationen, die für die Lösung des Problems wichtig sind, müssen gesammelt werden.
  (Welche Informationen sind wichtig, welche relativ unwichtig für unsere Entscheidung?)

- Nach der Wahl der Lösung muss die Bereitschaft jedes Einzelnen, sich hinter diese Entscheidung zu stellen, sichergestellt werden.
  (Waren alle ausreichend am Zustandekommen der Lösung beteiligt? Sind wir alle überzeugt, eine gute Lösung gefunden zu haben?)

Oft fangen nach einer Entscheidung die Schwierigkeiten erst an: wenn diese nämlich durchgesetzt werden soll! Aus den Ergebnissen des Ernährungsexperiments können wir noch eine wichtige Grundregel ableiten:

Menschen werden von Entscheidungen dann am wirksamsten überzeugt, wenn man ihnen Gelegenheit gibt, sich am Entscheidungsprozess (z. B. in einer Gruppe) selbst zu beteiligen.

Anweisungen von so genannten »Autoritäten« sind weitaus weniger motivierend als die Überzeugungskraft einer Gruppe!

„Mipps und Wors" –
wie lösen wir Probleme?

Im NASA-Spiel haben Sie einiges darüber gelernt, wie sich Gruppen in Entscheidungssituationen verhalten. Jetzt wird es etwas schwieriger:

*Wie verhält sich eine Gruppe bei der Lösung eines Problems,
wenn jedes Gruppenmitglied nur Teilinformationen für die Lösung besitzt?*

Wie verhält sich eine Gruppe ohne offiziellen Gruppenleiter bei der Lösung eines Problems, wenn jedes Gruppenmitglied nur Teilinformationen für die Lösung besitzt, die untereinander ausgetauscht werden müssen? Wir haben die Aufgabe sogar noch etwas erschwert: Einige der Informationen sind für die Lösung des Problems wichtig, andere dagegen völlig nebensächlich!

Sie können »Mipps und Wors« mit Gruppen zwischen fünf und zehn Personen spielen. Am besten bilden Sie mehrere Gruppen, die miteinander konkurrieren. Gewonnen hat die Gruppe, welche zuerst fertig ist. Zunächst müssen Sie jede der Fragen und Antworten auf Seite 42 auf kleine Kärtchen schreiben. Für jede Gruppe brauchen Sie einen Satz von 26 Karten. Wir wünschen Ihnen viel Spaß beim Spielen!

Spiel Nehmen Sie an, dass Lutts und Mipps neue Längenmaße sind und dass Dars, Wors und Mirs neue Einheiten für die Zeitmessung darstellen, die heute allgemein verwendet werden! Ein Mann fährt von der Stadt A durch die Stadt B und Stadt C nach Stadt D. Die Aufgabe Ihrer Gruppe ist es, zu bestimmen, wie viel Wors der Mann für die Fahrt von A nach D benötigt. Die Gruppe, welche zuerst die Lösung findet, hat gewonnen. Wenn es nur eine Gruppe gibt, darf sie nicht länger als 20 Minuten zur Lösung der Aufgabe brauchen!

Die Gruppenmitglieder setzen sich im Kreise zusammen. Die Karten mit den Fragen und Antworten werden gemischt und reihum an die Gruppenmitglieder verteilt. Sie dürfen die Informationen auf den Karten mündlich untereinander austauschen, aber jedes Gruppenmitglied darf seine Karten die ganze Zeit über nicht aus der Hand geben! Sie dürfen auch keinen offiziellen Gruppenführer wählen! Fangen Sie an, wenn allen die Spielregeln klar und alle Karten verteilt sind. Wenn Sie neben dem Spiel noch etwas über Ihr eigenes Verhalten beim Lösen dieser Aufgabe erfahren wollen, können Sie wieder den Beobachtungsbogen auf Seite 31 verwenden. Die Lösung finden Sie im Anhang auf Seite 234.

Wie weit ist es von A nach B?	Ein Wor hat 5 Mirs.
Es sind 4 Lutts von A nach B.	Was ist ein Mir?
Wie weit ist es von B nach C?	Ein Mir ist eine Zeiteinheit.
Es sind 8 Lutts von B nach C.	Wie viel Mirs hat eine Stunde?
Wie weit ist es von C nach D?	Es sind 10 Lutts von C nach D.
Eine Stunde hat 2 Mirs.	Wie groß ist ein Lutt?
Wie schnell fährt der Mann von A nach B?	Ein Lutt hat 10 Mipps.
Der Mann fährt von A nach B mit einer Geschwindigkeit von 24 Lutts per Wor.	Was ist ein Mipp?
Ein Mipp ist ein Längenmaß.	Wie schnell fährt der Mann von B nach C?
Wie viele Mipps hat ein Kilometer?	Ein Kilometer hat 2 Mipps.
Der Mann fährt von B nach C mit einer Geschwindigkeit von 30 Lutts per Wor.	Was ist ein Dar?
Wie schnell fährt der Mann von C nach D?	Ein Dar sind 10 Wors.
Was ist ein Wor?	Der Mann fährt von C nach D mit einer Geschwindigkeit von 30 Lutts per Wor.

Klimafragen –
warum Gruppen versagen

Haben Sie bemerkt, wie schwierig die Weitergabe und die Verknüpfung von Informationen in einer Gruppe sein können? Bei unserem Spiel handelt es sich noch um eine einfache Aufgabe – das Ziel ist klar definiert, und die Gruppe hat zusammen alle Informationen, um die Aufgabe lösen zu können. Aber selbst solche verhältnismäßig einfachen Probleme erfordern die Bereitschaft zur Zusammenarbeit und vor allem eine sinnvolle Verteilung der Aufgaben zwischen den einzelnen Gruppenmitgliedern – selbst wenn Ihnen dies während des Spiels nicht so bewusst geworden ist.

Arbeit im Team erfordert vor allem eine sinnvolle Verteilung der Aufgaben.

Wenn diese Verteilung der Aufgaben nicht gelingt (wenn beispielsweise alle gleichzeitig die Gruppe führen und Anweisungen erteilen wollen), dann endet eine Teamarbeit oft in totaler Verwirrung.

Warum ist die Frage der Aufgabenverteilung in einer Gruppe überhaupt ein Problem?

Hier spielt wieder das selbst-orientierte Verhalten eine entscheidende Rolle. Jeder, der in einem Team mitarbeitet, gibt zunächst etwas von den Freiheiten des Einzelgängers auf. Die anderen Teammitglieder erscheinen ihm daher anfangs wie Löwenbändiger, gegen die man sich behaupten muss und gegen die man seine persönlichen Wünsche zu verteidigen hat.

Auf der anderen Seite besteht aber auch das Bedürfnis, von den anderen akzeptiert und in die Gruppe aufgenommen zu werden. Die Grundregel für erfolgreiche Gruppenarbeit lautet also:

Es muss gelingen, die beiden zunächst gegensätzlichen Bedürfnisse der Gruppenmitglieder nach Behauptung und Anpassung zur Deckung zu bringen.

Am besten ist es natürlich, wenn die Gruppenmitglieder die Bedürfnisse der Gruppe zu ihren eigenen machen, sich also mit der Gruppe
identifizieren.

Wie erreicht man diese Identifikation? Zunächst sollte man daran
denken, dass der Mensch tatsächlich in vielen Bereichen seines Den-
kens und Handelns ein »Gewohnheitstier« ist. Neue Ziele, neue
Aufgaben stören in den eingefahrenen Geleisen. Wir kennen alle die
»Killerphrasen« (Seite 55), die ein Zeichen für den unbewussten
Versuch sind, das unbequeme Neue abzuwehren.

Neues mag man eigentlich nur, wenn es von einem selbst kommt.
Dies ist der Schlüssel zur Motivation!

So motiviert man Gruppen:

- Bei neuen Ideen und Aufgaben an Bekanntes anknüpfen.
- Gemeinsame Überzeugungen herausstellen.
- Jedem Teammitglied möglichst oft Gelegenheit geben, sich aktiv
  mit dem Neuen zu befassen.
- Jedes Teammitglied integrieren, also ein möglichst hohes Maß an
  Eigeninitiative ermöglichen.
- Jeder muss mitmachen können!
- Die Aufgaben sinnvoll verteilen.

Gründe für schlechte Gruppenarbeit:

- kein methodisches Vorgehen in der Arbeit
- unzureichende Kenntnis der sich in Gruppen abspielenden Prozesse
- mangelnde Rollenverteilung
- Unklare Problemformulierung verhindert Identifikation.
- Konkurrenzdenken der Teilnehmer
- mangelnde oder unterdrückte Kommunikation
- dominanter oder autoritärer Führungsstil
- Die Gruppe ist zu groß, und die Integration der Mitglieder wird
  dadurch erschwert.

ICH ... DU ... ER –
Regeln für bessere Kommunikation

»Der Unterzeichnende ersucht den Herren Vorsitzenden ...« – hier verrät die Sprache mehr, als dem Absender des Briefes wohl bewusst ist. Bisher haben wir verschiedene *Arten* von Kommunikation beziehungsweise Interaktion untersucht, die man in einer Gruppe beobachten kann – betrachten wir nun den *Inhalt* genauer!

Der obige Satz scheint gar nicht an einen bestimmten Menschen, sondern lediglich an den Inhaber eines bestimmten Amtes gerichtet zu sein. Und der Brief wird ja auch nicht von einem »Menschen« abgeschickt, sondern von einem gewissen »Unterzeichnenden« – man spürt, dass die Beziehung zwischen Vorsitzendem und Unterzeichnendem sich streng nach dem richtet, was zulässig, behördlich geregelt oder in Paragrafen festgehalten ist.

Ich-Aussagen schaffen Kontakt statt Distanz!

Nicht an die Person, nur an die *Funktion* ist der oben beschriebene Brief gerichtet. Die Kommunikation bezieht sich hier auf den Bereich der gerade gewünschten Eigenschaften, ich selbst (als ganzer Mensch) habe eigentlich nichts damit zu tun. »Was hat Er mir zu berichten, sage Er es!« – das ist die Sprache der Könige, der Überlegenen, der Distanzierten! Distanz macht sich unter anderem also auch im Inhalt der Kommunikation bemerkbar. Mit manchen Menschen kann man tagelang zusammenarbeiten und sich sogar lebhaft unterhalten, aber man hat doch das Gefühl, nicht an sie »heranzukommen«.

Sätze, die andere auf Distanz halten, sind zum Beispiel:

»Man müsste doch eigentlich ...« oder: »Ich glaube, er sollte uns jetzt sagen, warum ...«

Was ist beiden Sätzen gemeinsam? Hier wird keine Person direkt angesprochen, und damit gebe ich aber auch keinem anderen Gelegenheit, eine Beziehung mit mir aufzunehmen, mir direkt zu antworten. Außerdem lasse ich erkennen, dass ich eigentlich keine Verantwortung für das, was ich sage, übernehmen will: »Man müsste ...«

Formulieren wir die Sätze einmal um!

»Du müsstest doch eigentlich ...« – »Bitte sag uns jetzt, warum ...« – auch die Du-Anrede wirkt noch ziemlich einseitig: Ich mache lediglich eine Aussage über einen anderen, stelle eine Behauptung auf, deren »Objektivität« keine Erwiderung zulässt (»Du bist unverschämt!«).

Bei uns gilt es als unhöflich, einen Satz mit »Ich« anzufangen. Aber versuchen wir es einmal:

»Ich habe den Eindruck, du müsstest ...«, »Ich interessiere mich dafür, warum du ...«, »Ich fühle mich von dir gekränkt, weil ...« – solche Informationen stellen eine direkte Beziehung zu anderen Menschen her, denn sie enthalten eine Aussage über mich selbst (erinnern wir uns an das Fenster mit dem blinden Fleck!) und geben dem anderen Gelegenheit zu einer direkten Erwiderung. Wir lassen ihn nicht allein mit einer unverbindlichen Behauptung.

Mit Ich-Aussagen übernehmen Sie Verantwortung für das Gesagte.

Sie haben gesehen, wie der Inhalt einer Kommunikation oft entscheidend den Grad an Kontakt oder Distanz ausdrückt, den der Sprecher unbewusst zu den Personen hat, mit denen er spricht. Versuchen Sie daher in Ihrem nächsten Gespräch einmal ganz bewusst, alle Sätze, die sich an andere richten, mit einer Ich-Aussage zu beginnen! Das ist auch bei Fragen möglich. Statt: »Kannst du mir bitte sagen ...« formulieren Sie: »Eine Sache ist mir noch nicht klar. Bitte sage mir ...« Es wird dem anderen dann leichter fallen, mit Ihnen in Beziehung zu treten.

Ihre Ich-Aussagen sollen aber echte Informationen über Sie selbst enthalten! Sagen Sie also nicht: »Ich glaube, du bist unverschämt!«, sondern: »Ich fühle mich von dir gekränkt, weil du ...«

Übung Schreiben Sie sich »**Man**«- und »**Du**«-Sätze auf, die Sie häufig gebrauchen, und formulieren Sie diese Sätze in »**Ich**«-Sätze um. Durch diese Übung stärken Sie Ihr Gefühl für Kontakt und Distanz in einer Gesprächssituation.

4 Die Gruppe als Kreativitätsfaktor

Das einsame Genie im engen Studierstübchen steht auch heute noch vor unserem geistigen Auge, wenn wir von einem schöpferischen Menschen sprechen. Der Leistungsvorteil der Gruppe dem Einzelnen gegenüber ist aber offensichtlich – man muss sich daher fragen, ob dies nicht auch für die Bewältigung kreativer Aufgaben gilt.

Was ist Kreativität eigentlich? Die Fähigkeit, etwas Neues zu schaffen? Eine solche oder ähnliche Definition macht es sich etwas zu einfach: Auch Goethe bediente sich bekanntlich einer vorhandenen Sprache. Ohne die gleichzeitigen und früheren Leistungen anderer wäre kein schöpferischer Prozess möglich. Man muss Kreativität also genauer definieren – als die Fähigkeit, aus *bekannten* Informationen *neue* Kombinationen und Systeme zu bilden. Jede neue Erfindung baut auf schon bekannten Tatsachen auf – nur sind diese in einer neuartigen Weise angewendet worden.

Kreativität ist die Fähigkeit, aus bekannten Informationen neue Kombinationen zu bilden.

Die bekannte Geschichte von jenem U-Boot-Matrosen, der einfach seinen Kaugummi zum Abdichten einer lecken Leitung verwendete und damit der Besatzung das Leben rettete, zeigt aber auch, dass in jedem Menschen kreative Fähigkeiten stecken. Der »Erfinder« des »morphologischen Kastens« (einer Technik zur kreativen Problemlösung), Zwicky, sagt daher: »Jeder Mensch ist ein Genie – unersetzlich, einzigartig und unvergleichlich!«

Warum gibt es aber einige Menschen, die uns unersetzlicher und unvergleichlicher als andere erscheinen? Meist sind es Menschen, die das Wort »unmöglich« etwas weniger oft als andere gebrauchen. Im 19. Jahrhundert gab es genügend Physiker, die uns zum Beispiel

»bewiesen«, dass Fliegen mit von Menschen erbauten Maschinen unmöglich sei.

Das wichtigste Merkmal einer kreativen Persönlichkeit ist Unabhängigkeit von überkommenen Vorstellungen!

Mangelnde Vorstellungskraft und eingefahrene Gewohnheiten blockieren oft unser Denken. Unsere Alltagserfahrungen werden schnell zu Verallgemeinerungen. Wir bilden Begriffe und Kategorien und teilen damit unsere Umwelt ein. Deshalb sind Kinder meist viel kreativer als Erwachsene. Was für den Erwachsenen »nur ein Stück Holz« ist, kann für das Kind (und für den Künstler) zum aufregenden Gegenstand zum Experimentieren werden.

Kategorien und Begriffe sind für eine Gesellschaft jedoch notwendig, wenn ihre Glieder sich untereinander verständigen wollen. Die Gesellschaft ist zwar zum einen Voraussetzung für die kreative Leistung des Einzelnen, auf der er aufbauen kann. Auf der anderen Seite sorgt der Konformitätsdruck der Gesellschaft aber auch dafür, dass aus dem schöpferisch veranlagten Kind der angepasste Erwachsene wird, der die Dinge sieht, wie man sie »zu sehen hat«.

Dazu ein interessantes Experiment von Asch. Die Versuchspersonen mussten dabei unter mehreren Linien verschiedener Länge eine herausfinden, die genauso lang war wie eine bestimmte Vergleichslinie. Allein konnten alle Versuchspersonen diese Aufgabe meist leicht lösen. Stellte man aber eine einzelne Versuchsperson einer (vorher eingeweihten) Gruppe gegenüber, die einstimmig bei mehreren Versuchen meistens falsche Antworten gab, dann stieg die Fehlerzahl der Versuchsperson erheblich.

Das wichtigste Merkmal einer kreativen Persönlichkeit ist also **Unabhängigkeit** –

Unabhängigkeit von überkommenen Vorstellungen und den Meinungen anderer.

Die Arbeit in einer Gruppe kann daher die Kreativität der Gruppenmitglieder negativ oder positiv beeinflussen.

Test Finden Sie – ohne Hilfsmittel – aus den vier Linien
A bis D die heraus, die genauso lang ist wie die Vergleichslinie X!

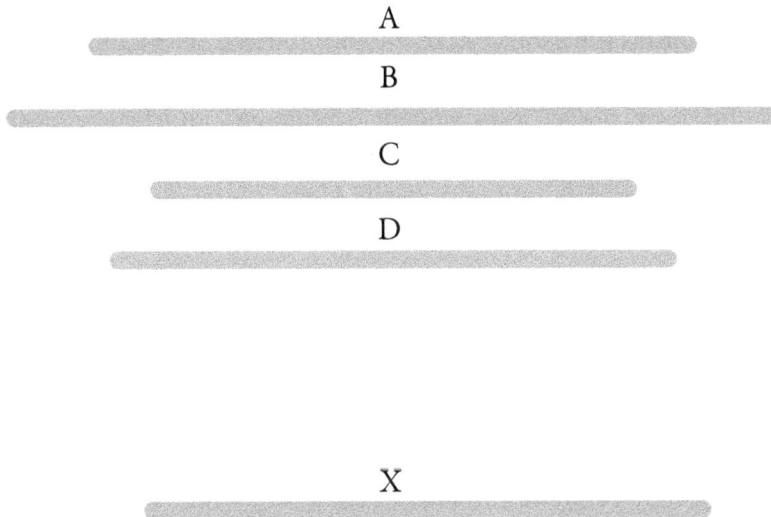

A

B

C

D

X

Methode „6 – 3 – 5“

»Es wird oft mehr Zeit darauf verwendet, eine Idee zu zerpflücken als
sie weiterzuentwickeln« (Sikora).

»Professionelle Ideenbremser« in einer Arbeitsgruppe stecken unser Genie in eine Zwangsjacke. Auf der anderen Seite kann sich unsere
schöpferische Eigenart oft erst im Team entfalten.

Im Team prallen verschiedene Meinungen und Erfahrungen aufeinander. Wir sind gezwungen, unsere eingefahrenen Denkgewohn-
heiten aufzugeben; schnell gefasste Urteile geraten zuerst einmal ins
Kreuzfeuer der Kritik.

Wenn ein Team aber nicht zu einer Kampfarena für Einzelgänger werden soll, die lediglich versuchen, ihre eigenen Meinungen durchzusetzen, muss man bestimmte Regeln beachten, die das verhindern. Nach
Sikora hat eine solche Technik »Vehikelfunktion«: mit ihr werden
vorhandene Denkklippen umschifft, kreativitätshem-
mende Verhaltensweisen abgebaut und eine »Demo-
kratisierung« des Teams erreicht – die Chance für alle,
schöpferische Fähigkeiten zu entfalten. Ein Team muss
also für jeden Teilnehmer ein emotionales Klima des Verstehens und
Akzeptierens erzeugen können.

*Im Brainstorming wird
Teamarbeit demokratisiert.*

Eine geeignete Technik für diesen Zweck ist das bekannte »Brainstorming«, was übersetzt etwa »Sturm der Gedanken« bedeutet und damit schon das Grundprinzip andeutet: Die Gedanken und Einfälle
der Teilnehmer an einem Brainstorming sollen sich frei entwickeln
und gegenseitig vorwärtstreiben können. Ideenbremser werden aus-
geschlossen!

DIE GRUNDREGELN EINES BRAINSTORMINGS

1. Kritik ist grundsätzlich verboten.
2. Jede Idee ist erlaubt. Je fantastischer, desto besser.
3. Jeder soll so viele Ideen wie möglich entwickeln.
4. Jeder darf die Ideen der anderen aufgreifen und weiterentwickeln.
5. Jede Idee ist als Leistung des Teams, nicht eines Einzelnen zu betrachten.

In einer Brainstorming-Sitzung können fast alle Probleme behandelt werden: von der Urlaubsplanung bis zur Entwicklung eines neuen Produkts. Um ein Brainstorming jedoch erfolgreich zu machen, muss man ein paar Regeln beachten.

Zuerst sollte das Problem exakt formuliert werden. Dabei sind »Schneeschaufelfragen« und »Spatenfragen« zu unterscheiden.

Eine **Schneeschaufelfrage** ist eine unpräzise gestellte Frage, die in der Regel auch nur vage Antworten liefert (»Verbesserung eines Schraubenzieher-Handgriffs«).

Eine **Spatenfrage** enthält dagegen eine präzise Zielformulierung und beginnt meist mit einem »Was« oder »Wie« (»Was können wir tun, um einen Schraubenzieherhandgriff so zu gestalten, dass der Schraubenzieher ermüdungsfreier und wirksamer gehandhabt werden kann?«).

Nur solche Fragen erlauben hinterher auch eine Kontrolle, ob die gestellte Aufgabe gelöst wurde. Man sollte allerdings darauf achten, dass die Frage nicht zu speziell gestellt wird, um nicht von vornherein die Lösungsmöglichkeiten zu sehr einzuengen!

Wer soll an einer Brainstorming-Sitzung teilnehmen?

Aufgrund des oben Gesagten ergibt sich die Antwort von selbst: alle, die mit dem gestellten Problem in irgendeiner Weise zu tun haben. Auch den Laien muss Gelegenheit gegeben werden, auf dem ausgetretenen Pfad der Experten neue Wegweiser aufzustellen. Auch die Größe des Brainstorming-Teams ist wichtig. Eine zu kleine Gruppe, besonders wenn sie länger zusammenarbeitet, wird schnell zu einem unkreativen Familienidyll, in dem sich alle einig sind. In einer zu großen Gruppe gehen die Ideen des Einzelnen leicht unter.

Erfahrungsgemäß arbeiten Gruppen mit acht bis zwölf Teilnehmern am effektivsten.

Besonders bei neuen Gruppen sollte man darauf achten, dass vor jeder Sitzung die fünf Grundregeln des Brainstormings noch einmal wiederholt werden. Eine Sitzung sollte nicht mehr als 40 Minuten dauern. Während dieser Zeit sind der Vorsitzende und der Protokollführer die Seele des Teams. Ersterer hat energisch dafür zu sorgen, dass jeder Teilnehmer die Regeln einhält und so genannte »Killerphrasen« unterbleiben (Seite 55). Die Aufgabe des Protokollführers ist es, jede Idee und jeden Vorschlag festzuhalten.

Man kann ein Brainstorming auch auf schriftlichem Weg durchführen!

Oft ist es nicht möglich, die geeigneten Teilnehmer zur selben Zeit am selben Ort zu einem Brainstorming zusammenzubringen. Hier hat sich die Methode des schriftlichen Brainstormings bewährt. Den Ablauf dieser »6–3–5«-Methode finden Sie auf Seite 53.

18 Vorschläge pro Blatt ergeben bei sechs Teilnehmern 108 neue Ideen, von denen sich bestimmt einige verwerten lassen. Natürlich können Sie zur Erprobung zunächst auch etwas bescheidener mit 5–3–4 oder auch 4–2–3 anfangen.

Natürlich kann das Verfahren nicht so spontan gehandhabt werden wie eine richtige Brainstorming-Sitzung. Auf der anderen Seite gibt es jedoch Menschen, die ihre Ideen lieber erst schriftlich fixieren oder Hemmungen haben, sich öffentlich hervorzutun. Für diese Personen ist die Methode des schriftlichen Brainstormings geeigneter. Sie lässt sich übrigens auch dann durchführen, wenn die Teilnehmer beieinandersitzen.

Übung Probieren Sie es einmal aus, vielleicht im Kreis Ihrer Familie oder bei Freunden. Sie werden verblüfft sein, wie viele fantastische Gedanken man haben kann und welchen Spaß ein kurzes Zwischenspiel »Gedankensturm« macht. Themenvorschläge dazu finden Sie auf Seite 56.

REGELN FÜR EIN SCHRIFTLICHES BRAINSTORMING

- *Sechs Personen schreiben (jeder für sich allein) zu einem bestimmten Problem je drei Lösungsvorschläge auf ein Blatt Papier.*
- *Diese Blätter werden dann nacheinander an die übrigen fünf Teilnehmer weitergereicht, sodass am Ende des Rundlaufs jeder die Vorschläge aller anderen in die Hand bekommen hat.*
- *Den Vorschlägen der anderen soll jeder möglichst drei weitere Ideen hinzufügen.*
- *Es müssen also schließlich auf jedem Bogen 18 Ideen stehen.*

Damit ist der Rundlauf beendet. Sie haben jetzt 108 Ideen zur Lösung Ihres Problems!

Killerphrasen und Ideenbremser

Nicht jede Konferenz kann in ein Brainstorming umfunktioniert werden. Wenn Sie aber in einer Arbeitsgruppe Probleme erfolgreich lösen wollen, sollten Sie einige Regeln beachten, die man aus dem Brainstorming übernehmen kann und die verhindern, dass aus einem Team ein »Verband zur Wahrung gegeneinandergerichteter Einzelinteressen« wird. Gelten auch für Ihre Konferenzen die »Merkmale einer erfolgreichen Gruppe«?

MERKMALE EINER ERFOLGREICHEN GRUPPE

- Die Atmosphäre ist entspannt.
- Alle Gruppenmitglieder sind engagiert an der Diskussion beteiligt.
- Die Diskussion ist nicht personen-, sondern sachbezogen.
- Das Arbeitsziel ist klar definiert und wird von allen Gruppenmitgliedern verstanden und akzeptiert.
- Die Atmosphäre ist informell. Jeder Beitrag wird aufgenommen und gewürdigt.
- Alle Ansichten werden diskutiert, keine wird übergangen oder unterdrückt.
- Entscheidungen werden gemeinsam gefällt.
- Alle Teilnehmer können ihre Meinungen offen äußern.
- In der Gruppe herrscht eine klare und von jedem akzeptierte Rollen- und Aufgabenverteilung.
- Der Gruppenleiter ist nicht autoritär oder dominant. Er hat eine Vermittlerfunktion; nicht sein Prestige, sondern die Aufgabe steht im Vordergrund.

Nicht nur Leiter, auch Teilnehmer von Arbeitsgruppen können durchaus dominante Verhaltensweisen zeigen und andere Meinungen unterdrücken. Oft steckt dahinter eine unbewusste Angst vor dem Neuen. Die bekannten »Killerphrasen« dieser Ideenbremser beweisen es.

KILLERPHRASEN

*So haben wir das früher doch nicht gemacht ... – Geht nicht ... –
Keine Zeit ... – Haben wir schon alles versucht ... – Dazu sind
wir jetzt noch nicht in der Lage ... – Alles graue Theorie ... – Da
wäre doch schon früher jemand drauf gekommen ... - Zu altmo-
disch ... – Zu modern ... – Darüber lässt sich ein andermal reden ... – Wir haben doch schon so viele andere Projekte ... – Was
für ein Fantast ist denn darauf gekommen ... – Man weiß doch, das
lässt sich einfach nicht machen ... – Damit muss sich ein Ausschuss
beschäftigen ... – Warten wir erst die Entwicklung ab ... – Das
geht uns nichts an ... – Die werden denken, wir sind nicht ganz bei
Trost ... – Schon wieder Sie mit Ihren ... – Ich sehe keinen Zusammenhang ... – Das ist doch gegen die Vorschriften ... – Klingt ja
ganz gut, aber ich glaube nicht, dass das geht ... – Die Anweisungen
lauten doch ganz anders ... – Macht nur einen Haufen Arbeit ... –
Das wächst uns noch über den Kopf ... – Man wird sich aufregen ...*

(nach: Ch. Clark, S. 72)

Übung Hier finden Sie noch einige Aufgaben für Brainstorming-Sitzungen, die sich gut als unterhaltende Party-Einlage verwenden lassen und Ihnen und Ihren Freunden Gelegenheit geben, kreative Fähigkeiten zu entdecken:

THEMEN FÜR EIN BRAINSTORMING

- Was kann man tun, um Autofahrer vom Benutzen ihrer Fahrzeuge – besonders an Wochenenden – abzubringen?
- Wie kann man Grönland als Reiseland für Touristen attraktiv machen?
- Wie begründen wir gegenüber unserem Chef eine gewünschte Gehaltserhöhung?

Oder entdecken Sie neue Verwendungszwecke für bekannte Dinge:

- Eine Büroklammer kann man auch verwenden, um ...
- Einen Kleiderbügel kann man auch verwenden, um ...
- Einen alten Autoreifen kann man auch verwenden, um ...

LITERATUR ZU DIESEM KAPITEL
Ch. Clark, Brainstorming
P. Hofstätter, Gruppendynamik
J. Sikora, Die neuen Kreativitäts-Techniken

5 Kooperation

Die Kreativitätsübungen im letzten Abschnitt sollten Ihnen zeigen, wie viele originelle Ideen eine Gruppe entwickeln kann, wenn notorischen Ideenbremsern einmal ein »Maulkorb« umgelegt wird.

Sind Sie immer noch nicht überzeugt? Geben Sie dem einsam brütenden Genie noch immer den Vorzug? Dann versuchen Sie einmal, dieses Problem zu lösen:

Übung Die neun Punkte in der folgenden Abbildung sollen miteinander durch **vier** gerade Linien verbunden werden. Sie dürfen den Stift dabei nicht absetzen, das heißt, die vier Linien müssen zusammenhängend gezogen werden. Die Linien dürfen sich in keinem der Punkte schneiden.

Also: Verbinden Sie diese neun Punkte durch vier gerade, zusammenhängende Linien!

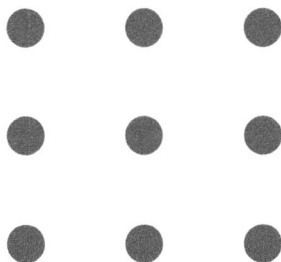

Bevor Sie jetzt weiterlesen, bitte erst probieren! Die Lösung finden Sie auf Seite 234 im Anhang.

Fassen Sie sich an den Kopf, nachdem Sie die Lösung gefunden haben? Den meisten Psychologen ist dieses Problem übrigens bekannt: wie sehr ausgetretene Denk- und Vorstellungspfade (hier die Gestalt des Quadrats) ungewohnte Problemlösungen verhindern können.

Kontakt zu möglichst vielen fremden Gedanken (und Überzeugungen) ist also die beste Garantie gegen den eigenen geistigen Bürokratismus!

Wir haben festgestellt, dass die Identifikation mit dem gemeinsamen Ziel eine Voraussetzung für erfolgreiche Teamarbeit ist. Damit ist aber noch nicht das Problem aus der Welt geschaffen, dass jedes Teammitglied oft glaubt, die beste Lösung für die Erreichung des Ziels zu kennen. Neben einer Übereinstimmung über die Ziele ist also auch eine Einigung (Konsens) über den Lösungsweg notwendig.

Nicht nur die Einigung über die Ziele, auch die Einigung über den Lösungsweg ist wichtig.

Schauen wir uns einmal an, wie eine solche »Einigung« in ungeübten Gruppen vor sich geht.

Welche Art der Einigung ist in Ihrer Gruppe vorwiegend üblich?

- Jemand macht einen Vorschlag. Dieser Vorschlag wird aber bei allgemeinen, heftigen Diskussionen gar nicht beachtet.
- Der Vorschlag wird begeistert aufgenommen; dann hat ein anderer »eine noch bessere Idee«. Der alte Vorschlag wird sofort fallen gelassen und nicht mehr auf seine Verwendungsmöglichkeit untersucht.
- In der Gruppe ist ein »Experte«. Alle möchten eigentlich widersprechen, aber keiner wagt es, aus Angst, sich zu blamieren.
- Einige haben sich schon vorher auf »die beste Lösung« geeinigt (oder entdecken lautstark ihre Einigkeit in der Sitzung) und wollen sich jetzt nur noch die richtigen Bälle zuwerfen. Die Übrigen schweigen ergriffen.

● Man gibt sich demokratisch und beschwört als einzig mögliche
  Lösung eine Abstimmung. Keiner widerspricht, weil er ja nicht
  »undemokratisch« sein will.

Scheinbar herrscht jetzt allgemeine Übereinstimmung – aber leider
wird die »schweigende Minderheit« der Unzufriedenen auf alle
möglichen Weisen versuchen, den Mehrheitsbeschluss heimlich zu
umgehen. Auch eine Demokratie ist also noch keine unbedingte Garantie gegen die Unterdrückung von Minderheiten. Politiker gebrauchen dann gern Vokabeln wie »Interesse des Volkes«, »das Wohl des
Ganzen« usw., um diesen Tatbestand zu verdecken!

In realen Entscheidungsprozessen können wir diese Phänomene oft
nur schwer verfolgen. Wir stellen hinterher leicht verwundert fest,
dass man eigentlich zusammengekommen war, um zu beraten, ob
man besser mit der Bahn oder mit dem Flugzeug nach Spanien gelangt – und dann eine Kreuzfahrt durch die Fjorde Norwegens be-
schließt!

In unserem nächsten Spiel wollen wir untersuchen, warum es oft so
schwer ist, in einer Gruppe eine Arbeitsaufgabe zu bewältigen. Spielen Sie daher jetzt das »Spiel der Stummen«: Nehmen
Sie Ihr eigenes Kooperationsverhalten einmal kritisch
unter die Lupe!

*Demokratie ist keine
Garantie gegen die
Unterdrückung von
Minderheiten.*

Spiel der Stummen

Bei diesem Spiel geht es darum, das Kooperationsverhalten von Gruppen zu überprüfen, die unter Stress (hier: Zeitdruck) eine Aufgabe lösen müssen.

Spiel Zeichnen Sie zunächst die auf Seite 61 abgebildeten fünf Quadrate auf weißen Karton auf. Alle Quadrate müssen die gleiche Größe (10 x 10 cm) haben. Schneiden Sie dann die einzelnen Teilstücke aus, und zwar so genau, dass die Stücke mit dem gleichen Buchstaben gleich groß sind (damit man sie auswechseln kann). Die Buchstaben dienen nur Ihrer Orientierung, sie sollen **nicht** auf den Quadratteilen erscheinen.

Sie benötigen für jede Gruppe je einen Satz von fünf Quadraten. Eine Spielgruppe besteht aus fünf Teilnehmern. Wenn sich die Zahl der Spieler nicht durch fünf teilen lässt, bekommen die Übrigen die Aufgabe, den Kooperationsprozess zu beobachten und darauf zu achten, dass die Spielregeln eingehalten werden.

Jeder Teilnehmer einer Spielgruppe erhält jetzt einen Umschlag mit Quadratteilen.

Die Umschläge werden mit den Buchstaben A, B, C, D und E gekennzeichnet und enthalten die auf Seite 61 gezeigten Teile. Die einzelnen Stücke sind auf die Umschläge so verteilt, dass kein Gruppenmitglied allein ein ganzes Quadrat zusammensetzen kann.

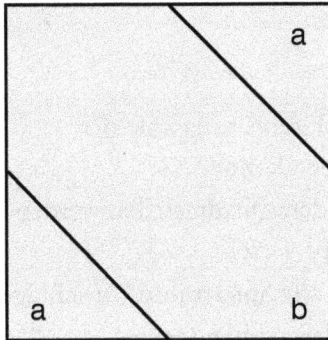

Umschlag A: i, h, e
Umschlag B: a, a, a, c
Umschlag C: a, j
Umschlag D: d, f
Umschlag E: g, b, f, c

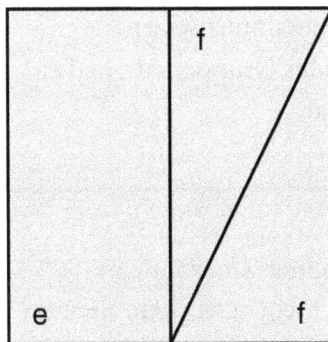

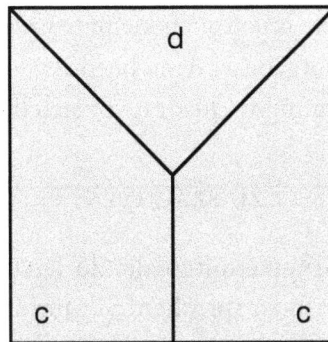

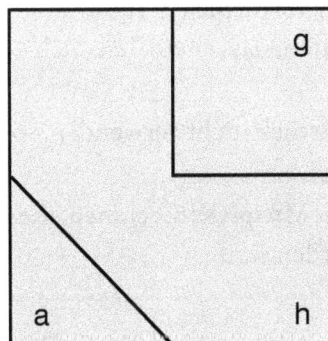

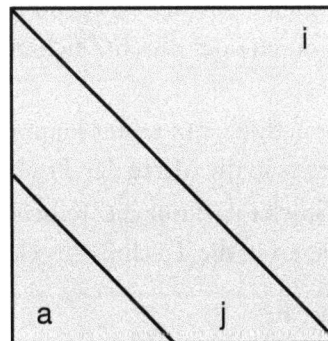

DIE SPIELREGELN

- Jede Gruppe hat fünf Mitspieler.
- Die Gruppen setzen sich an getrennte Tische, sodass sie sich gegenseitig nicht stören oder beeinflussen können.
- Die fünf Umschläge A, B, C, D, E mit den Quadratteilen werden jetzt an die fünf Mitspieler jeder Gruppe verteilt.
- Auf ein Zeichen des Spielleiters öffnen alle Spieler ihre Umschläge.
- Die Gruppen haben die Aufgabe, aus den vorhandenen Teilstücken fünf **gleich große** Quadrate zu legen. Es lassen sich aus den Teilen auch kleinere Quadrate zusammensetzen!
- Die Aufgabe ist dann beendet, wenn **jedes** Gruppenmitglied ein vollständiges Quadrat vor sich liegen hat.

UNBEDINGT ZU BEACHTEN:

- Die Gruppenmitglieder dürfen unter keinen Umständen miteinander sprechen! Sie dürfen auch nicht versuchen, anderen durch Zeichen etwas mitzuteilen.
- Kein Spieler darf sich aus den Figuren der Mitspieler Stücke herausholen oder durch Zeichen andeuten, dass er ein Teilstück benötigt.
- Kann ein Spieler in seiner Figur ein Teilstück nicht verwenden, so muss er es in die **Mitte** des Tisches legen.
- Jeder Spieler darf nur die Teilstücke von Mitspielern nehmen, die von diesen in die Tischmitte gelegt worden sind.

Noch einmal:

Der Spielleiter muss darauf achten, dass unter keinen Umständen gesprochen oder durch Zeichen signalisiert wird!

Sieger ist die Spielgruppe, welche zuerst alle fünf Quadrate zusammengelegt hat.

Spielauswertung

Sicher werden Sie jetzt fragen, warum die Teilnehmer bei diesem Spiel nicht sprechen dürfen. Das hat einen ganz bestimmten Grund:

In einer Gruppe ohne offiziellen Führer sind die Gruppenmitglieder – zumindest theoretisch – untereinander gleichberechtigt. In der Praxis stellt sich aber meist heraus, dass ein oder mehrere Gruppenmitglieder versuchen, die anderen zu beherrschen. Oft setzen sich dann diejenigen durch, die am besten reden (oder überreden) können.

Die Stilleren in der Gruppe sind sich manchmal nicht einmal bewusst, dass sie sich von anderen beherrschen lassen, denn die Vielredner haben ja scheinbar alle Sachargumente auf ihrer Seite. Man kann ihnen nichts entgegensetzen. Aber der (unbewusste) Ärger über diese »Besserwisser« macht sich irgendwann Luft, auch wenn sich die Beteiligten der Ursache der dann folgenden Störmanöver nicht bewusst sind.

Im »Spiel der Stummen« ist jeder auf den anderen angewiesen. Keiner kann herrschen, keiner kann übergangen werden!

In diesem Spiel nun können sich die Gruppenmitglieder gegenseitig nicht beherrschen, die Regeln haben ihnen alle sprachlichen und nichtsprachlichen Waffen aus der Hand genommen. Jeder ist auf den anderen angewiesen. Es ist keine Cliquenbildung möglich, keiner kann übergangen werden. Welche Gefühle und Verhaltensweisen entwickelt eine Gruppe, wenn alle in dieser Weise zusammenhalten müssen? Was behindert die Lösung einer Aufgabe, was fördert sie?

Hinweise für eine anschließende Diskussion (nach T. Brocher):

Wie fühlt man sich, wenn ein Gruppenteilnehmer ein wichtiges Teilstück für die Lösung der Aufgabe festhält, ohne selbst die Lösung sehen zu können?

Welche Gefühle tauchen auf, wenn jemand aus der Gruppe sein Quadrat – allerdings in einer falschen Form – fertiggestellt hat und sich dann mit selbstzufriedenem Lächeln zurücklehnt?

Was dachten die anderen über den Selbstzufriedenen?

Wie hat er sich selbst gefühlt?

Welche Gefühle empfand man gegenüber Teilnehmern, die die Lösungsmöglichkeit nicht so schnell erfassten?

Wollte man sie lieber hinauswerfen oder ihnen helfen?

Wie weit stimmen die während des Spiels erlebten Gefühle und Erlebnisse mit ähnlichen Erfahrungen und Beobachtungen in der täglichen Arbeit der Teilnehmer überein?

Diagnose der Gruppen-Interaktion

Sicher haben Sie während des »Spiels der Stummen« erkannt, dass einige Bedingungen unbedingt notwendig für eine die Gruppe befriedigende Kooperationsform sind:

- Jedes Gruppenmitglied muss sich darüber klar werden, wie es am besten zur Lösung des Problems beitragen kann.
- Jedes Gruppenmitglied muss sich bewusst werden, dass auch die anderen mögliche (und wichtige!) Beiträge zur Lösung liefern können.
- Die Gruppenmitglieder müssen individuelle Schwierigkeiten eines anderen in der Gruppe wahrnehmen können und ihm zunächst helfen, diese zu beseitigen, damit er effektiv weiter an der Aufgabe mitarbeiten kann.

Wichtig ist dabei die Art, wie die Gruppenmitglieder untereinander in Kontakt treten (das sogenannte »Interaktionssystem« der Gruppe).

Der amerikanische Psychologe Robert F. Bales hat für die Beobachtung von Interaktionsprozessen in Gruppen ein System von Beobachtungskategorien entwickelt. Dieses System haben wir auf Seite 66/67 wiedergegeben. Bales geht davon aus, dass jede Gruppe vor der eigentlichen Bearbeitung ihrer Aufgaben zunächst Probleme der Orientierung, Bewertung und Kontrolle zu lösen hat.

Beim Problemlöseprozess treten dann die Probleme der Entscheidung, der Bewältigung von Spannungen und der Integration der Gruppe auf:

BEOBACHTUNG DES INTERAKTIONS-PROZESSES

BEOBACHTUNGSKATEGORIEN

PROBLEMBEREICHE	**A**	1. zeigt Solidarität: hebt Status des anderen, spendet Hilfe, verteilt Belohnung	←
		2. zeigt Entspannung: lacht, macht Späße, zeigt sich zufrieden	←
		3. stimmt zu: zeigt passive Anerkennung, begreift, teilt und befolgt Auffassung	←
	B	4. gibt Empfehlung: Anleitung, mit Andeutung einer Anerkennung der Autonomie des anderen	←
		5. äußert Meinung: Bewertung, analytischer Befund, zeigt Gefühl, äußert Wunsch	←
		6. gibt Orientierung: Auskunft, wiederholt, erklärt, bestätigt	←
	C	7. erfragt Orientierung: Auskunft, Wiederholung, Bestätigung	←
		8. erfragt Meinung: Bewertung, analytischer Befund, Kundgabe von Gefühl	←
		9. erfragt Empfehlung: Anleitung, Möglichkeiten des Verhaltens	←
	D	10. stimmt nicht zu: zeigt passive Ablehnung, zeigt formale Einstellung, verweigert Hilfeleistung	←
		11. zeigt Spannung: verlangt Hilfeleistung, zieht sich zurück	←
		12. zeigt Feindseligkeit: mindert Status des anderen, verteidigt sich, bringt sich zur Geltung	←

PROBLEMARTEN

PROBLEMBEREICHE

Probleme

der Orientierung

der Bewertung

der Kontrolle

der Entscheidung

der Bewältigung von Spannungen

der Integration

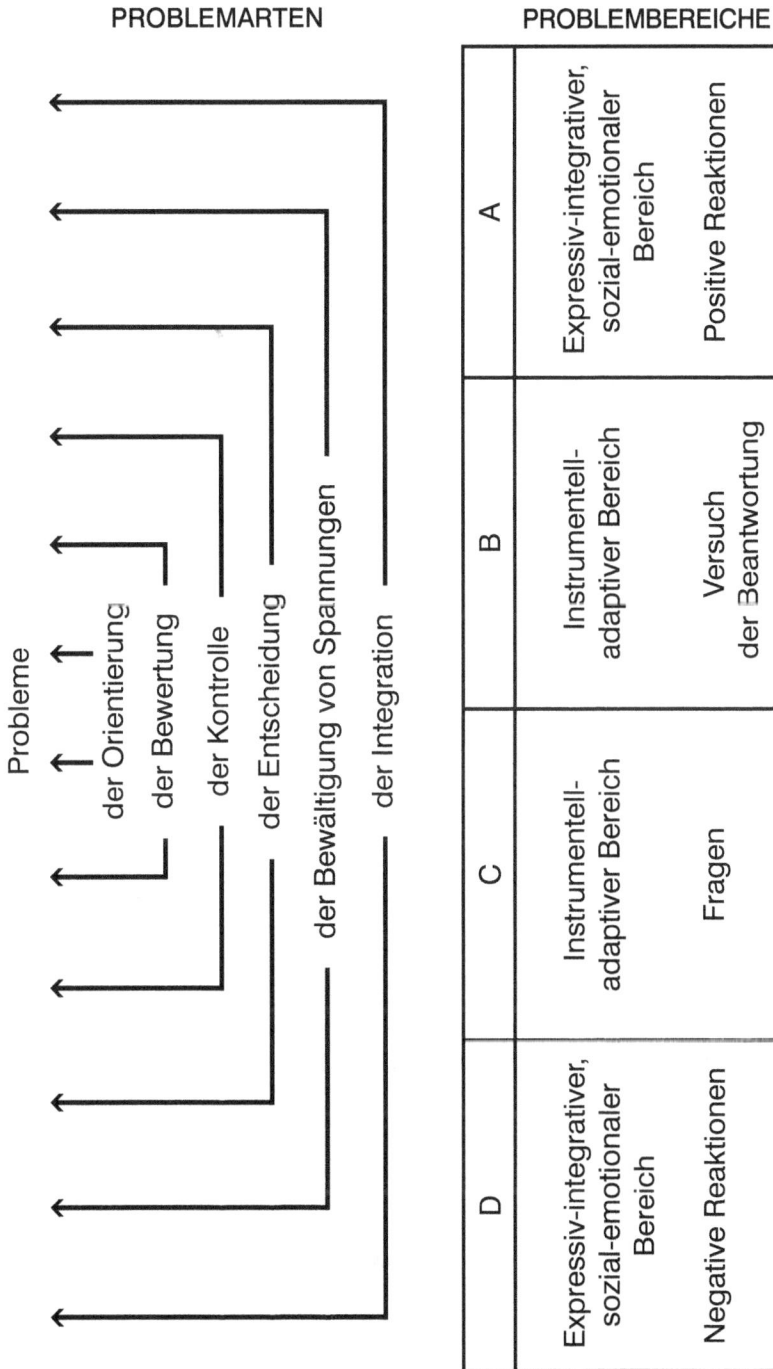

D	C	B	A
Expressiv-integrativer, sozial-emotionaler Bereich	Instrumentell-adaptiver Bereich	Instrumentell-adaptiver Bereich	Expressiv-integrativer, sozial-emotionaler Bereich
Negative Reaktionen	Fragen	Versuch der Beantwortung	Positive Reaktionen

- Ein **Orientierungsproblem** tritt auf, weil anfänglich die Gruppenmitglieder einen unterschiedlichen Informationsstand haben. Diese Informationen, die für die Lösung eines Problems wichtig sind, müssen zunächst also ausgetauscht werden.
- Dann ergibt sich das Problem, wie diese verschiedenen Informationen **bewertet** werden sollen, d. h., es muss geklärt werden, welche Wichtigkeit bestimmte Tatsachen für die Lösung eines Problems haben.
- Probleme der **Kontrolle** treten auf, wenn die Gruppe einen konkreten Plan zur Lösung einer Aufgabe festlegen muss und Versuche gemacht werden, sich gegenseitig in der Entscheidung zu beeinflussen.

Bales stellte fest, dass die Interaktionsformen 1 bis 6 (Problembereiche A und B) in seinem Schema die Lösung dieser Probleme fördern und die Interaktionsformen 6 bis 12 (Problembereiche C und D) mehr hemmend auf die Gruppe wirken. Um die Arbeitsweise von Gruppen oder deren Mitgliedern zu überprüfen, muss auf einer Liste festgehalten werden, wie oft innerhalb eines bestimmten Zeitraums die verschiedenen Interaktionsformen auftreten. Mit dieser Liste kann man auch überprüfen, ob eine Gruppe Fortschritte in der Art ihrer Zusammenarbeit und der Integration der Mitglieder macht. Die Kategorien 1 bis 6 müssten dann immer stärker zu finden sein.

Das Kategoriensystem von Bales könnte man also als eine Art Diagnoseinstrument des Gruppenforschers bezeichnen. Aber auch das individuelle Verhalten von Gruppenmitgliedern lässt sich damit messen. Ein Unternehmen steht zum Beispiel vor dem Problem, einen wichtigen Posten zu besetzen. Wenn mehrere Bewerber fachlich gleich qualifiziert sind, wird vielleicht die Überlegung wichtig, wer die größte Fähigkeit besitzt, mit anderen zusammenzuarbeiten. Man lässt dann die Bewerber über ein geeignetes Thema diskutieren. Geschulte Beobachter stellen dabei fest, wie häufig bei jedem Bewerber bestimmte Interaktionsformen auftreten.

Folgende Übungsvorschläge können daher für Sie unter Umständen sehr wichtig werden!

Übung Schreiben Sie Sätze und Redewendungen nieder, wie Sie sie täglich bei Konferenzen, Arbeitsbesprechungen oder Diskussionen hören können, und ordnen Sie diese Sätze unter eine der Bales'schen Kategorien 1 bis 12 ein.

Sie schulen damit Ihre Beobachtungsfähigkeit für Interaktionsformen.

Übung Versuchen Sie, Diskussionen unter Freunden mit einem Tonbandgerät aufzuzeichnen, und stellen Sie fest, welche Interaktionsformen hier vorherrschen.

Machen Sie eine Diagnose des Diskussionsklimas in Ihrem Bekanntenkreis!

Übung Versuchen Sie selbst, bei Diskussionen oder Sitzungen jeweils eine oder zwei der positiven Interaktionsformen (1 bis 6) bewusst stärker als bisher anzuwenden!

LITERATUR ZU DIESEM KAPITEL
T. Brocher, S. 160 ff
K. Hinst, S. 55 ff

6 „Kampf der Geschlechter"

Wir haben festgestellt, dass auch demokratische Formen einer Einigung nicht unbedingt dazu führen müssen, dass letztlich alle Beteiligten mit dem Ergebnis zufrieden sind. Am besten wäre es natürlich, wenn es zu einer allgemeinen Übereinstimmung käme, sodass sich keiner übergangen fühlen könnte. Dies ist möglich unter der Voraussetzung, dass alle Beteiligten letztlich das gleiche Ziel (Gewinn, Vergnügen usw.) verfolgen.

Betrachten wir jetzt einmal ein Ehepaar, das beschlossen hat, an diesem Abend auszugehen (Ziel). Er möchte ins Kino, sie dagegen ins Theater. Ein Fall von totalem Interessengegensatz? Keineswegs! Gehen wir davon aus, dass unser Ehepaar noch nicht sehr lange verheiratet ist, so dürfen wir annehmen, dass beide es auf jeden Fall vorziehen, gemeinsam etwas zu unternehmen.

Abstrakt gesehen, haben wir hier den Fall einer gemischten Konkurrenz-Kooperations-Situation. In unserem Beispiel sind vier Handlungsalternativen möglich. Das Entscheidende ist daher, dass diese Alternativen von den Partnern jeweils unterschiedlich hoch bewertet werden. Wenn es möglich wäre, die Höhe einer solchen Bewertung für beide Partner in »Vergnügungseinheiten« auszudrücken, könnten diese Einheiten in folgender Entscheidungstabelle abgebildet werden:

ALTERNATIVE	MANN	FRAU
Beide gehen ins Kino	5	3
Beide gehen ins Theater	3	5
Mann geht ins Kino, Frau geht ins Theater	1	1
Frau geht ins Kino, Mann geht ins Theater	0	0

Man kann diese Alternative auch in einer Art Koordinatensystem mit vier Feldern darstellen:

MANN

FRAU	Kino	Theater
Kino	M: 5 / F: 3	M: 0 / F: 0
Theater	M: 1 / F: 1	M: 3 / F: 5

Diese Form der Darstellung wird »Entscheidungsmatrix« genannt. Sie ist gut geeignet, die Konsequenzen bestimmter Entscheidungen, an der zwei oder mehr Personen mit gewissen Interessengegensätzen beteiligt sind, deutlich zu machen. Es wurden sogar mathematische Verfahren entwickelt, mit denen man die beste Lösung solcher Entscheidungsprobleme ermitteln kann.

Die mathematische »Spieltheorie« untersucht solche Verfahren. Unser Problem ist in der Fachliteratur unter dem Namen »Kampf der Geschlechter« bekannt.

Eine wichtige Erkenntnis können wir sofort aus der abgebildeten

Matrix ableiten: Versuchen beide Partner, die für sie höchste »Vergnügungseinheit« zu erreichen und ihren Willen durchzusetzen (Er: Kino = 5 VE; Sie: Theater = 5 VE), dann werden beide schnell die Notwendigkeit einer Kooperation einsehen. Sie erreichen beide sonst nur das Ergebnis 1 VE, weil sie getrennt ausgehen müssten.

Interessengegensätze lassen sich auch mit mathematischen Methoden lösen!

Eine wichtige Erkenntnis kann man aus unserem vielleicht etwas konstruierten Beispiel ableiten:

Wir sind nicht nur, was das Ergebnis unserer Entscheidung betrifft, von der Handlungsweise anderer Menschen abhängig, sondern beziehen sogar (oder sollten es jedenfalls tun!) vor unserer Entscheidung die möglichen Handlungsweisen anderer in unsere Überlegungen mit ein.

Überlegen Sie sich spaßeshalber schnell einmal Folgendes: Was würden Sie tun, wenn Sie im Schlussverkaufstrubel eines Warenhauses plötzlich von Ihrem Partner/Ihrer Partnerin getrennt würden und nun entscheiden müssten, in welchem Stockwerk Sie auf diese/n warten wollen?

Wir wollen eins aus diesen Überlegungen festhalten:

Es gibt meist keine Entscheidungen, die für alle Beteiligten gleich optimal sind.

Wir sitzen zwar alle »im gleichen Boot«, dürfen aber nicht vergessen, dass eigentlich jeder die Fahrtrichtung bestimmen möchte.

Wer also allzu lautstark »Harmonie« und »Gemeinsamkeit« beschwört, will vielleicht die Tatsache verdecken, dass unsere Welt eine Konfliktwelt ist, in der Ergebnisse und Einigungen meist ausgehandelt werden (»Gibst du mir, dann geb' ich dir ...«).

Gefangenen-Dilemma

Wir wollen nun unsere theoretischen Überlegungen in unserem nächsten Spiel überprüfen. Es geht in diesem Spiel darum, zu beobachten, wie sich eine Gruppe in Entscheidungssituationen verhält und wie sie entscheidet, wenn sie im Wettbewerb mit einer anderen Gruppe steht.

Sie werden gleich sehen, dass jede Gruppe bei ihrer Entscheidungsfindung auch das mögliche Verhalten der Konkurrenzgruppe beachten muss, wenn sie nicht riskieren will, dass das Ergebnis völlig anders ausfällt als erwartet. Sie können in diesem Spiel viel über Ihr Verhalten in Konkurrenzsituationen aller Art lernen!

Spiel Stellen Sie zunächst zwei möglichst gleich große Gruppen zusammen. Jeder dieser Gruppen befindet sich in der gleichen Lage:

SPIELSITUATION

Sie haben gemeinsam mit den Mitgliedern der anderen Gruppe in einem ausländischen Staat eine Revolution geplant, um den dortigen Diktator zu stürzen. Sie sind jedoch alle von der Geheimpolizei des Diktators entdeckt und verhaftet worden. Man hat beide Gruppen im Gefängnis getrennt untergebracht, und Sie haben keine Möglichkeit, Verbindung miteinander aufzunehmen. Eigentlich hat der Ankläger keinen sicheren Beweis, um die Revolutionäre in einem Prozess zu überführen. Er kann sie aber nur in einem ordentlichen Gerichtsverfahren verurteilen, denn der Diktator fürchtet die Meinung der Weltpresse.

Gestehen beide Gruppen nicht, dann können die Revolutionäre nur wegen illegalen Waffenbesitzes zu einer geringen Freiheitsstrafe verurteilt werden. Der Ankläger will aber ein abschreckendes Exempel statuieren! Er geht daher nacheinander zu den beiden Gefangenengruppen und macht jeder den folgenden Vorschlag:

Am besten sei es für die Gefangenengruppe, wenn sie gestehen würde, der Ankläger ließe sie dann sofort als Kronzeugen frei. Die Gefangenen der anderen Gruppe wären dann überführt und
würden zu zehn Jahren Haft verurteilt. Gestehen beide Gruppen, lässt der Ankläger »Milde« walten. Die
Revolutionäre beider Gruppen müssen dann mit einer
Freiheitsstrafe von sechs Jahren rechnen. Gestehen alle
Gefangenen nicht, werden sie dennoch auf jeden Fall wegen illegalen
Waffenbesitzes zwei Jahre ins Gefängnis gesteckt.

Gestehen oder nicht gestehen – das ist hier die Frage!

		UNSERE GRUPPE (uG)	
		gesteht	schweigt
ANDERE GRUPPE (AG)	gesteht	uG: 6 Jahre AG: 6 Jahre	uG: 10 Jahre AG: 0 Jahre
	schweigt	uG: 0 Jahre AG: 10 Jahre	uG: 2 Jahre AG: 2 Jahre

Jetzt ist natürlich guter Rat teuer! Gestehen oder nicht gestehen – das
ist hier die Frage. Denn keine der Gruppen weiß ja, was die andere
tut. Gesteht man, und die anderen Revolutionäre tun das Gleiche,
bekommt man statt der erhofften Freiheit sechs Jahre Haft. Schweigt
man und verlässt sich darauf, dass die anderen das Gleiche tun, ist die
bange Frage: zwei Jahre wegen illegalen Waffenbesitzes oder zehn Jahre, weil die anderen dem Angebot, Kronzeugen zu spielen und sich
damit die Freiheit zu erkaufen, nicht widerstehen konnten? Lange
sitzen die Gefangenen über ihrer Entscheidungsmatrix und berat-
schlagen ...

Für das Entscheidungsdilemma der Gefangenen gibt es keine eindeu-
tige Lösung.

Wie verläuft der Entscheidungsprozess in einer Gruppe in solchen Situationen?

Wie ist die Qualität des Ergebnisses von der Form des Entscheidungsprozesses abhängig?

Probieren Sie es selbst aus!

SPIELREGELN

Beide »Gefangenen«-Gruppen müssen sich unabhängig voneinander entscheiden, ob sie schweigen oder gestehen wollen. Aus unserer Matrix auf Seite 75 können Sie dann das Ergebnis für jede Gruppe ablesen. Damit es spannender wird, stellen Sie sich vor, die Gruppen müssten sich am Ende des Spiels mit einem Geldbetrag, der der Anzahl der insgesamt erhaltenen Haftjahre entspricht, auslösen (Diktatoren sind ja bekanntlich immer geldgierig!).

Unser Spiel hat insgesamt 30 Runden. Gewonnen hat die Gruppe, die den niedrigsten Geldbetrag aufbringen muss, um sich auszulösen!

SPIELRUNDE 1 – 10

Jedes Mitglied in den beiden Gruppen entscheidet einzeln, ohne sich mit den anderen Gruppenmitgliedern in Verbindung zu setzen. Nach jeder Runde sammelt der Spielleiter die Zettel ein, stellt getrennt für beide Gruppen die jeweiligen Mehrheitsbeschlüsse fest und gibt diese beiden Gruppen bekannt. Die Gruppen können also nach jeder Runde aus der Matrix ablesen, wie viele Jahre Haft sie und die Konkurrenzgruppe jeweils bekommen haben.

SPIELRUNDE 11 – 20

Nach zehn Runden wird das Spiel etwas abgeändert. Die Gruppen müssen jetzt einen gemeinsamen Beschluss fassen, ob sie schweigen oder gestehen wollen. Der Spielleiter gibt nach jeder Runde die Ergebnisse bekannt (wie oben).

SPIELRUNDE 21 – 30

Vor der 21., 27. und 30. Runde wählen beide Gruppen je einen Unterhändler. Die Unterhändler können sich vor diesen Runden miteinander in Verbindung setzen, bevor sich die Gruppen entscheiden. Sonst
verläuft das Spiel wie bei den Runden 11 bis 20. Nach der 30. Runde
werden dann für beide Gruppen die Anzahl der erhaltenen Jahre zu-
sammengezählt und die Sieger ermittelt.
Sie können während des Spiels beobachten (und anschließend diskutieren):

- wie bestimmte Entscheidungsstrukturen (Einzelentscheidung,
  Gruppenentscheidung oder Unterhändler) die Entscheidungen
  selbst beeinflussen

- wie bestimmte Gewinnaussichten die Entscheidungen
  beeinflussen

- wie eigene Entscheidungen von Vermutungen über die
  Entscheidungen anderer beeinflusst werden

- wie eine Wettbewerbssituation vom Zwang zur Zusammenarbeit
  beeinflusst wird

- welche Probleme sich ergeben, wenn eine Gruppe einen Vertreter
  bestimmen muss.

Schlechte Angewohnheiten

Sie wissen jetzt schon eine ganze Menge über gutes und schlechtes Kommunikationsverhalten. Aber: Wissen schützt vor Torheit nicht! Machen Sie jetzt einmal eine kleine Denkpause und überprüfen Sie, ob Ihnen die Anwendung des Gelernten in der Praxis gelungen ist:

Testen Sie Ihr Kommunikationsprofil!

Sie können dabei so vorgehen wie beim Persönlichkeitsprofil.

Test Machen Sie im Umgang mit anderen zu Hause oder an Ihrer Arbeitsstätte einen der auf den folgenden Seiten aufgelisteten Fehler?

Geben Sie sich bei jeder Frage eine Bewertung zwischen 0 und 4 (0 = niemals, 1 = selten, 2 = manchmal, 3 = häufig, 4 = sehr oft). Anschließend lassen Sie sich zur Kontrolle von einem Freund (einem Kollegen, von Ihrem Ehepartner) beurteilen!

(Ausführlich besprochen werden die aufgelisteten Fehler im Buch »Die Tür zum Mitmenschen« von R. Moore.)

Reden Sie überwiegend von sich, von Ihren Erfahrungen und Ihren Ideen?

0 1 2 3 4
☐☐☐☐☐

Werden Sie ungeduldig oder ärgerlich, wenn andere nicht Ihrer Meinung sind?

☐☐☐☐☐

Unterbrechen Sie andere und wechseln Sie zu einem Gesprächsthema, das Sie interessiert?

☐☐☐☐☐

Sind Sie sarkastisch?

☐☐☐☐☐

Machen Sie sich lustig über Ideen, Freunde, Kleidung von anderen Menschen?

☐☐☐☐☐

Prahlen Sie mit dem, was Sie alles für die Familie tun?

☐☐☐☐☐

Lesen Sie oder laufen Sie weg, während andere mit Ihnen sprechen?

☐☐☐☐☐

Streiten Sie, statt Meinungsverschiedenheiten zu erörtern?

☐☐☐☐☐

Weisen Sie ein Mitglied Ihrer Familie vor den anderen zurecht?

☐☐☐☐☐

Werden Sie laut und schreien Sie mit anderen, wenn Sie wütend sind?

☐☐☐☐☐

Machen Sie Mitglieder Ihrer Familie lächerlich?

☐☐☐☐☐

Versuchen Sie, eine Unterhaltung ganz allein zu bestreiten?

☐☐☐☐☐

Sprechen Sie auf Gesellschaften über Ihre Familiensorgen?

☐☐☐☐☐

Zeigen Sie, dass Sie den Motiven anderer in Ihrer Familie nicht trauen?

☐☐☐☐☐

0 1 2 3 4
☐☐☐☐☐ Befehlen Sie Ihren Kindern, etwas zu tun, statt sie darum zu bitten?

☐☐☐☐☐ Bestehen Sie darauf, für Ihre Kinder zu entscheiden?

☐☐☐☐☐ Hören Sie in Besprechungen nur ungeduldig zu, wenn andere ihre Meinung äußern?

☐☐☐☐☐ Zeigen Sie sich gekränkt, wenn man Sie auffordert, etwas zu ändern?

☐☐☐☐☐ Versuchen Sie, anderen Ihre Meinung aufzudrängen?

☐☐☐☐☐ Machen Sie höhnische Bemerkungen über andere und deren Arbeit?

☐☐☐☐☐ Rügen Sie jemanden in Gegenwart anderer?

☐☐☐☐☐ Streiten Sie um das Recht, etwas so zu machen, wie Sie es wollen?

☐☐☐☐☐ Finden Sie an den Plänen anderer gewöhnlich etwas auszusetzen?

☐☐☐☐☐ Sind Sie zeitweilig »ungenießbar«?

☐☐☐☐☐ Versprechen Sie leicht etwas, ohne es hinterher auch zu halten?

☐☐☐☐☐ Zeigen Sie, dass Sie an neuen Ideen hinsichtlich Ihrer Tätigkeit nicht interessiert sind?

☐☐☐☐☐ Machen Sie Krach oder werden Sie mürrisch, wenn jemand konstruktive Kritik äußert?

☐☐☐☐☐ Versuchen Sie, Geschäftspartnern Ihre Meinung aufzudrängen?

Können Sie diskutieren?

Er:

»Liebling, ich brauche unbedingt einen neuen Wagen. Der alte tut es einfach nicht mehr, und außerdem ...«

Sie:

»Neuer Wagen?! Hast du eigentlich schon einmal daran gedacht, dass ich seit zwei Jahren in meinem alten Wintermantel herumlaufe?! Und dass ich den ganzen Vormittag in der Küche herumstehe, während alle anderen hier im Haus die modernsten Küchenmaschinen haben!

Übrigens, gestern habe ich in der Stadt eine sehr preiswerte Geschirrspülmaschine gesehen. Was hältst du davon, wenn wir morgen mal ...«

Er:

»Ich denke da an einen Vorführwagen. Mein Autohändler meint, dass ich für meinen alten noch ungefähr 3 Mille bekommen kann, und wenn ...«

Den weiteren Verlauf des Gespräches können Sie sich wohl denken! Was wurde hier falsch gemacht? Er denkt nur daran, wie er seiner Frau möglichst schonend beibringen kann, dass der neue Wagen so gut wie bestellt ist. Statt ihr zuzuhören, wartet er auf Pausen in ihrem Redefluss, um seine, wie er glaubt, »zündenden« Argumente anbringen zu können. Sie versucht gar nicht erst, auf seinen Gedanken einzugehen, weil dieser ja »sowieso indiskutabel« ist, und wendet nun die »Schnellfeuer-Taktik« an, um ihre, wie sie meint, weitaus wichtigeren Interessen durchzusetzen. So redet jeder am anderen vorbei.

Heraus kommt ein handfester Streit – ein Streit, der in dieser Form aber niemals eine Klärung der beiderseitigen Interessen herbeiführen wird!

Beobachten Sie einmal kritisch, wie oft Sie selbst und andere Gespräche dieser Art führen, in denen jeder darauf bedacht ist, seinen Einsatz nicht zu verpassen, und sich gar nicht die Zeit nimmt, den anderen erst einmal ruhig anzuhören und dessen Argumente überhaupt zu verstehen. Als Therapie für solche akuten Kommunikationsstörungen eignet sich die folgende Übung.

Übung A und B diskutieren über ein beliebiges Thema (das aber möglichst gegensätzliche Standpunkte zulassen soll).

A fängt mit der Diskussion an. Bevor B antwortet, muss er das, was A gesagt hat, kurz sinngemäß wiederholen.

Stimmt A der Wiederholung von B zu, darf B die Diskussion fortführen, und A muss anschließend zusammenfassen usw.

Stimmt A nicht zu, muss B, bevor er weiterredet, noch einmal wiederholen, was A gesagt hat.

Ist dann A noch immer nicht mit der Zusammenfassung einverstanden, muss er selbst noch einmal zusammenfassen, usw (siehe Schema auf Seite 83).

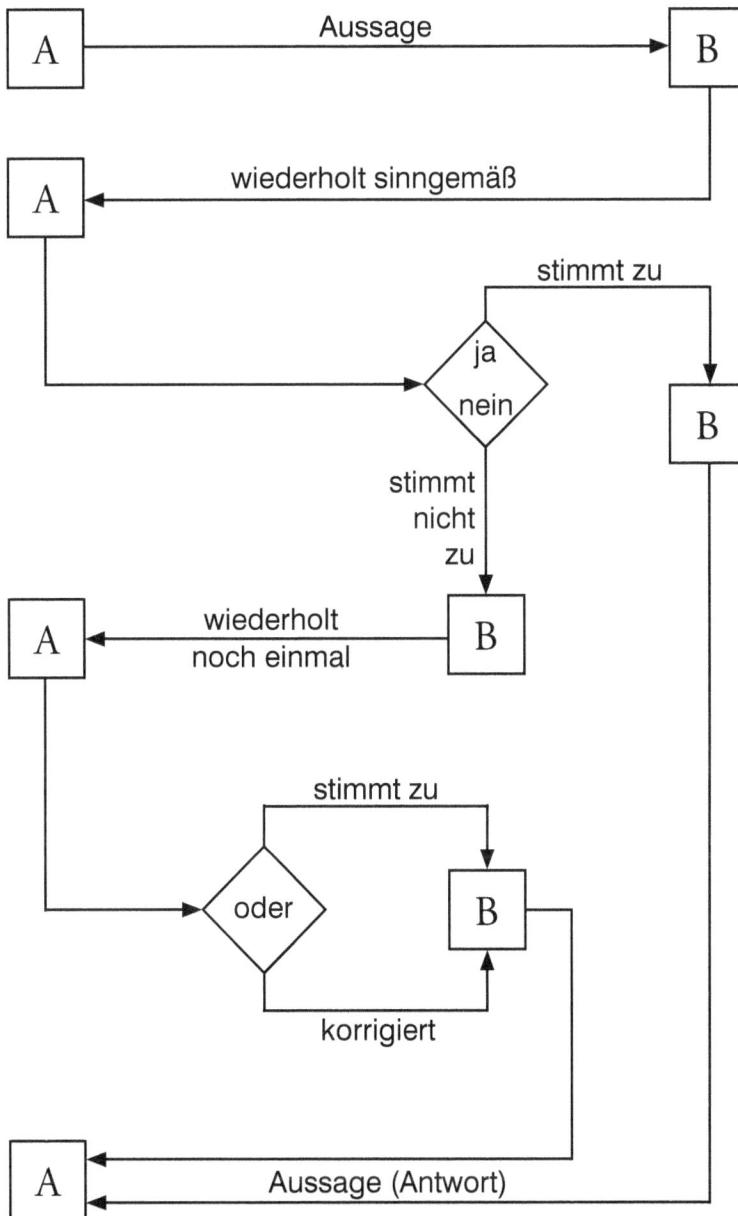

Es wäre gut, wenn bei dieser Übung ein Beobachter dabei ist, der auf die Einhaltung der Spielregeln und auf das Diskussionsverhalten von A und B achtet. Sie können auch insgesamt drei Runden üben, wobei zuerst A und dann B die Beobachterrolle übernimmt.

HIER EIN BEISPIEL:

Er:

»Liebling, ich brauche unbedingt einen neuen Wagen. Der alte tut es einfach nicht mehr.«

Sie:

»Du meinst, du brauchst einen neuen Wagen, weil der alte nicht mehr gut fährt?«

Er:

»Ja, richtig.«

Sie:

»Hast du aber auch schon einmal daran gedacht, dass ich seit zwei Jahren meinen alten Wintermantel trage und dass ich dringend ein paar gute Küchengeräte nötig habe?«

Er:

»Du meinst, du möchtest das Geld lieber für einen neuen Wintermantel und Küchengeräte verwenden?«

Sie:

»Ja, das würde ich gern ...«

Er:

» ... «

Diese Übung mag Ihnen zunächst banal erscheinen. Sie ist aber die Grundlage der Verständigung zwischen Gesprächspartnern!

Vielleicht erscheint Ihnen auch die Forderung, den Gesprächsbeitrag des Partners zu wiederholen, für die Anwendung in der Praxis zu formal. Dann versuchen Sie es wenigstens in Gedanken! Sie zwingen sich dadurch, dem Gesprächspartner genauer zuzuhören, und werden bald ein geschätzter Diskussionspartner – und auch Diskussionsgegner!

Wichtig ist übrigens bei dieser Übung, dass Sie nicht einfach das inhaltlich wiederholen, was Ihr Gegenüber gedacht hat, sonst dreht sich Ihr Gespräch bald im Kreis, wenn der andere diese Technik auch anwendet! Versuchen Sie dagegen anzusprechen, was dieser mit seinem Beitrag gemeint hat. Zurück zu unserem Beispiel:

Sagt »Er«: »Ich brauche unbedingt einen neuen Wagen!«, dann wiederholen Sie nicht einfach: »Du brauchst einen neuen Wagen?«, sondern zum Beispiel: »Du meinst, dass du einen neuen Wagen brauchst, weil der alte nicht mehr repräsentativ genug ist und du dich bei deinen Kunden damit nicht mehr sehen lassen kannst?«

»Er« darauf vielleicht: »Nein, ich meine, dass ich in letzter Zeit so viele Reparaturen zu bezahlen hatte, dass es billiger wird, wenn ich einen neuen Wagen kaufe.«

Sie müssen sich also bemühen, nicht nur zu erfassen, was der andere sagt, sondern was er wirklich sagen möchte! (Diese Technik des sinngemäßen Wiederholens, die automatisch zu genauem Nachdenken bei Gesprächen zwingt, nennt man auch »Paraphrasieren«.)

7 Wir und die andern

Die Bösen sind immer die anderen! Und wir sind natürlich die Guten. Weil das so ist, dürfen wir ohne Gewissensbisse die Sandburg des Nachbarn zerstören, die Kinder aus dem anderen Dorf verprügeln und ein anderes Land überfallen. Wenn nicht durch Krieg, dann mit den Segnungen unserer Kultur! »Wir als Deutsche ...«, »Wir vom Tennisverein ...« – dieses magische »Wir« signalisiert Zugehörigkeit und damit in gewissem Sinn auch Geborgenheit. Es scheint für jeden Menschen ein Grundbedürfnis zu sein »dazuzugehören«. Nicht zufällig war daher die Verbannung eine der schrecklichsten Strafen des Altertums.

Überall kann man beobachten, dass neu gebildete Gruppen sehr schnell bestimmte Verhaltensweisen und »Riten« entwickeln, die sie von anderen Gruppen unterscheiden. Zum Zugehörigkeitsgefühl gehört eben auch das gleichzeitige Sich-Distanzieren von anderen, die dann als fremd oder sogar als »etwas seltsam« empfunden werden.

Zum Gefühl der Zugehörigkeit gehört auch die Distanz zu anderen.

    Wenn eine Schulklasse davon redet, wie lächerlich und wie dumm doch eigentlich die Kinder in der Nachbarklasse sind, dann richtet sich solche Überzeugung eigentlich gar nicht gegen die anderen, sondern demonstriert nur die Solidarität der Wir-Gruppe: »Wir gehören zusammen!« Die Schulklasse entwickelt beispielsweise eine bestimmte Geheimsprache, mit der nur sie sich untereinander verständigen kann, der Ritterschlag demonstriert dem Knappen feierlich die Aufnahme in den Ritterstand, die Seeleute haben die etwas rauere Sitte der Äquatortaufe, und dem Manager eines Industriekonzerns vermittelt der »echte« Teppich im Büro oder eine bestimmte Wagenklasse das beruhigende Gefühl, dass er unter Gleichgesinnten zu Hause ist.

Solche »Wir«-Symbole und Riten können wir von der Familie über den Verein bis hin zu ganzen Nationen verfolgen. Gemeint sind hier aber nicht nur die Vereinsfahnen oder die Tatsache, dass es in England als höflich gilt, über das Wetter zu sprechen. Auch alle unsere Überzeugungen, Wertvorstellungen und Verhaltensnormen haben eine soziale Komponente und sind eine – meist unbewusste – »Gruppenleistung des Bestimmens«, wie P. Hofstätter es genannt hat.

Die Bösen sind immer die anderen!

Bei uns »gehört es sich nicht«, bei einem Begräbnis zu tanzen und zu singen, eheliche Treue entspricht »einer natürlichen sittlichen Grundordnung« – so hat es noch 1958 der Bundesgerichtshof formuliert! Interkulturelle Vergleiche haben uns längst gezeigt, dass in verschiedenen Ländern nicht nur verschiedene Sitten, sondern durchaus auch sehr verschiedene Vorstellungen zu Fragen der Einehe oder beispielsweise des Eigentums herrschen.

Wir können natürlich jetzt mit hochgezogenen Brauen darüber lächeln, dass die Menschen dazu neigen, die Verhaltensweisen ihrer unmittelbaren sozialen Umwelt als allgemein gültig zu sehen und als allein richtig zu verteidigen. Dass sie auf der anderen Seite notwendig sind, formuliert A. Oldendorff so:

»Wir können die Spielregeln der Konvention tatsächlich mit den Regeln des Straßenverkehrs vergleichen. Wenn es uns selbst überlassen wäre, ob wir rechts oder links fahren, dann würden wir ständig mit der Frage beschäftigt sein, was der andere wohl tun wird, was er von uns erwartet und wie er auf uns reagieren wird, während die Zahl der Zusammenstöße (!) ins Unermessliche steigen würde.«

Wir sollten dabei aber nicht vergessen, dass man Verkehrsordnungen auch ändern kann und muss, wenn diese unzweckmäßig geworden sind!

„Gewinnt so viel ihr könnt!"

Wir sprachen von dem Wir-Gefühl, welches beispielsweise von einer Schulklasse entwickelt wird. Innerhalb dieser Klasse können aber auch weitere »Wir«-Gruppen (Spaltungen) entstehen: Es bilden sich die wohlbekannten »Cliquen«. Dieses Wort hat einen negativen Beigeschmack. Warum, ist uns jetzt klar: Solche »Cliquen« versetzen dem Wir-Gefühl der größeren Gruppe einen empfindlichen Stoß! Unser Spiel »Rot oder Schwarz« soll demonstrieren, wie schnell es in einer größeren Gruppe zu einer Aufspaltung kommen kann (aber nicht muss!), wenn einige in dieser Gruppe entdecken, dass sie augenscheinlich gleiche Interessen verfolgen.

Überprüfen Sie in diesem Spiel, wie schnell Sie und andere dazu neigen, unter bestimmten Bedingungen ein Wir-Gefühl zu entwickeln oder aufzugeben!

Spiel Wir benötigen für unser Spiel vier Gruppen (am besten Paare), die sich so zusammensetzen, dass alle Spieler miteinander diskutieren können – aber doch weit genug auseinander, dass die einzelnen Gruppen (Paare) eine Spielstrategie entwickeln können, ohne von den anderen gehört zu werden. Am besten wäre eine Zahl von acht Spielern, die sich paarweise zusammensetzen. Jeder Spieler erhält jetzt den Zählbogen (s. Seite 92) und drei Minuten Zeit zum Durchlesen der Spielanleitung (s. Seite 91 f).

Anweisungen für den Spielleiter

- Jedes der vier Paare (Gruppen) erhält bei Spielanfang 25 Spielpunkte (Spielmarken o. Ä.) ausgehändigt. Der Spielleiter hat am Anfang des Spiels weitere 100 Spielpunkte (Spielmarken) als Gewinnprämien zur Verfügung. Jedes Paar muss als Spieleinsatz den Gegenwert für 50 Spielpunkte (z. B. 5 Cent je Punkt) in die »Bank« einzahlen.

- Spielaufgabe: Jedes Paar (jede Gruppe) muss sich in jeder Spielrunde für eine der beiden Farben »Rot« oder »Schwarz« entscheiden. Nachdem alle Paare gewählt haben, erhält (oder verliert) jedes Paar eine bestimmte Anzahl Spielpunkte entsprechend dem Gewinnplan auf der Spielanleitung.

- Die Paare dürfen sich während der Entscheidung nicht mit den anderen Paaren verständigen, wenn nicht ausdrücklich die Erlaubnis dazu gegeben wird.

- Jedes Paar muss in jeder Spielrunde erneut entscheiden, ob es »Rot« oder »Schwarz« (vgl. Spielanleitung) wählen will. Die Entscheidung darf von den einzelnen Paaren erst dann bekannt gegeben werden, wenn der Spielleiter dazu auffordert.

- Das Spiel besteht aus 10 Spielrunden. Nach jeder Runde erhält der Spielleiter die Entscheidung der einzelnen Paare, und jedes Paar trägt seine Punktzahl in den Zählbogen ein und erhält vom Spielleiter die entsprechende Anzahl Spielmarken oder muss Spielmarken entsprechend den Verlustpunkten an den Spielleiter zurückgeben.

- In jeder Spielrunde müssen die Paare innerhalb einer Minute ihre Entscheidung treffen, ohne sich mit den anderen Paaren abzusprechen.

- Es gibt drei Sonderrunden (vgl. Zählbogen auf Seite 92): Bevor in den Runden 5, 8 und 10 die Entscheidungen getroffen werden, hat die ganze Spielgruppe die Möglichkeit, 3 Minuten lang das Spiel gemeinsam zu diskutieren. Im Anschluss an diese Diskussion müssen die Paare wieder wie vorher allein ihre Entscheidung treffen.

- In der Sonderrunde 5 werden die Gewinn- oder Verlustpunkte aller Paare verdreifacht, in der Runde 8 verfünffacht, und in der Runde 10 verzehnfacht.

- Am Ende des Spiels lösen die Paare ihre Spielmarken entsprechend deren Wert beim Spielleiter ein. Bleibt in der Bank ein Restbetrag, fällt dieser dem Spielleiter zu.

SPIELANLEITUNG

Sie und Ihr(e) Partner müssen in jeder Spielrunde nach den Anweisungen des Spielleiters entweder die Farbe »Rot« oder »Schwarz«
wählen. Sie erhalten bei jeder Wahl Gewinn- beziehungsweise Verlustpunkte (Spielmarken). Die Höhe des Gewinns (Verlusts) ist nicht
nur von Ihrer Entscheidung, sondern auch von der Farbwahl der anderen drei Paare abhängig, wie der folgende Gewinnplan zeigt:

Gewinnmöglichkeiten für jede Runde

4 x »Schwarz«	für jedes Paar 1 Verlustpunkt
3 x »Schwarz« 1 x »Rot«	für jedes »Schwarz«-Paar 1 Gewinnpunkt; für jedes »Rot«-Paar 3 Verlustpunkte
2 x »Schwarz« 2 x »Rot«	für jedes »Schwarz«-Paar 2 Gewinnpunkte; für jedes »Rot«-Paar 2 Verlustpunkte
1 x »Schwarz« 3 x »Rot«	für jedes »Schwarz«-Paar 3 Gewinnpunkte; für jedes »Rot«-Paar 1 Verlustpunkt
4 x »Rot«	für jedes Paar 1 Gewinnpunkt

Zählbogen

RUNDE	ZEIT	BERATUNG	ENTSCHEIDUNG	PUNKTE (+/-)	SUMME
1	1 Min.	m. Partner			
2	1 Min.	m. Partner			
3	1 Min.	m. Partner			
4	1 Min.	m. Partner			
5 SONDERRUNDE!	3 Min. 1 Min.	m. Gruppe m. Partner		 ... x 3!	
6	1 Min.	m. Partner			
7	1 Min.	m. Partner			
8 SONDERRUNDE!	3 Min. 1 Min.	m. Gruppe m. Partner		 ... x 5!	
9	1 Min.	m. Partner			
10 SONDERRUNDE!	3 Min. 1 Min.	m. Gruppe m. Partner		 ... x 10!	

Ihre Gesamt-Punktzahl:

Treffen Sie in jeder Spielrunde mit Ihrem Partner eine **gemeinsame** Entscheidung.
Ziel des Spiels: Gewinnt, so viel Ihr könnt!

Im Anhang (Seite 234) finden Sie wichtige Hinweise zur Dynamik und Auswertung des Spiels.

Wenn Sie Spieler und nicht Spielleiter sind:
   Bitte lesen Sie erst im Anhang, **nachdem** Sie das Spiel durchgeführt haben!

Vertrauensbarometer für Gruppen

Wodurch wurde bestimmt, ob die Spieler bei »Gewinnt so viel Ihr könnt!« mehr an ihr eigenes oder an das Wohl der Gesamtgruppe dachten? Welche Faktoren beeinflussen allgemein den Zusammenhalt einer Gruppe?

Zwei Ebenen bestimmen die Entwicklung des Wir-Gefühls in einer Arbeitsgruppe: die sachliche Ebene der **Übereinstimmung** und die emotionale Ebene des **Vertrauens**. Diese Ebenen müssen sich nicht unbedingt decken – so können wir beispielsweise einem Freund auch dann vertrauen, wenn wir seine Meinung nicht teilen. Entsprechend der Entwicklung von Übereinstimmung und Vertrauen können wir bei der Diagnose einer Gruppe die folgenden Entwicklungsphasen feststellen:

1

Konflikt:
gegenseitiges Misstrauen, geringe Übereinstimmung über
Gruppenziele und Arbeitsverfahren –
kein Wir-Gefühl

2

Anpassung:
wenig persönliches Vertrauen, aber Annäherung der sachlichen
Standpunkte –
Ansätze eines Wir-Gefühls

3

Uneinigkeit:
Wachsendes Vertrauen auf der persönlichen Ebene, aber noch keine
Übereinstimmung auf der sachlichen Ebene –
wachsendes Wir-Gefühl

4

Einigkeit:
Hoher Vertrauensgrad zwischen den Mitgliedern und
gemeinsame Gruppeninteressen –
starkes Wir-Gefühl

Vertrauensbarometer

Einigkeit

15
14
13
12 Uneinigkeit

11
10
9
8 Anpassung
7
6
5

Konflikt

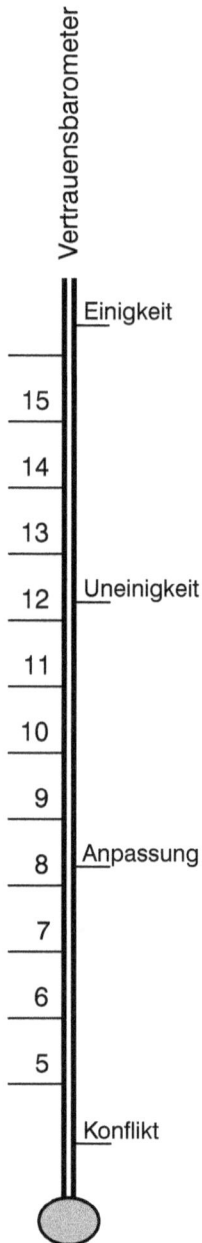

Auf dem Weg vom Konflikt zur Einigkeit wechseln die Phasen der Anpassung und der Uneinigkeit ständig. Zwischen diesen beiden Polen – im gegenseitigen Abgrenzen oder Akzeptieren der Standpunkte – entwickelt sich allmählich das Wir-Gefühl der Gruppe.

Vielleicht werden Sie zunächst nicht akzeptieren, dass die Gruppe in der Phase der Uneinigkeit ein größeres Wir-Gefühl haben soll als in der Phase der Anpassung. Denken Sie aber einmal an Ihre eigenen Gesprächserfahrungen! Meistens ist es im Kreis guter Freunde viel leichter als bei Fremden, auch gegensätzliche Meinungen offen zu vertreten, man wählt im Allgemeinen seine Worte weit weniger vorsichtig. Das heftige Aufeinanderprallen von Meinungen ist also mehr ein Zeichen des Vertrauens als des Misstrauens, das Zeichen für das Gefühl: »Hier kann ich mich geben, wie ich bin.«

Testen Sie jetzt einmal, wie weit dieses Gefühl auch für eine wichtige Gruppe gilt, in der Sie vielleicht gerade arbeiten müssen!

Test Sie finden auf den Seiten 95/96 je zwölf Aussagen. Die ersten Aussagen beziehen sich auf die Gruppe, die zweiten auf das einzelne Gruppenmitglied. Schreiben Sie jede Aussage auf eine kleine Karte. Sie haben dann zwei Diagnoseinstrumente, mit denen Sie feststellen können, in welcher der vier oben beschriebenen Phasen sich die Gruppe und Sie selbst als Gruppenmitglied gerade befinden.

Ordnen Sie die beiden Kartensätze (jeden für sich) so, dass die Aussage, die Ihrer Meinung nach am meisten für die Gruppe zutrifft, die Nummer 1 erhält. Entsprechend erhält die Aussage, die am wenigsten zutrifft, die Nummer 12. Anschließend zählen Sie die in Klammern gesetzten Zahlen der ersten vier Karten (getrennt für beide Sätze) zusammen.

Tragen Sie die Summe auf dem »Vertrauensbarometer« ein.

Stellen Sie fest, ob Sie auf diesem Barometer des Wir-Gefühls Ihrer Gruppe hinterherhinken oder ihr voraus sind!

In der Gruppe beobachtete ich Folgendes:

☐   Es gab viel Wärme und Freundlichkeit.   4

☐   Es gab viel destruktiv-aggressives Verhalten.   1

☐   Die Gruppenmitglieder waren uninteressiert und nicht beteiligt.   2

☐   Einzelne Gruppenmitglieder versuchten zu dominieren und die Leitung zu übernehmen.   3

☐   Wir verstanden uns ausgezeichnet.   4

☐   Wir hatten Hilfe nötig.   3

☐   Ein großer Teil der Unterhaltung war irrelevant.   1

☐   Wir waren vollkommen aufgabenorientiert.   4

☐   Die Mitglieder waren sehr höflich.   2

☐   Es gab viel grundlegenden Ärger.   1

☐   Wir arbeiteten an unseren Verfahrensfragen.   2

☐   Wir diskutierten sachliche Differenzen.   3

Bei mir selbst beobachtete ich Folgendes:

☐ Zu einigen war ich freundlich und herzlich. 4

☐ Ich habe mich kaum beteiligt. 2

☐ Ich habe mich auf die Arbeit konzentriert. 3

☐ Ich wurde von vielen angegriffen. 1

☐ Ich übernahm die Führung. 3

☐ Ich war zu allen Mitgliedern höflich. 2

☐ Meine Vorschläge waren häufig abwegig. 1

☐ Ich war ein Mitläufer. 2

☐ Ich konnte die Vorschläge der Gruppe akzeptieren. 4

☐ Ich war erzürnt. 1

☐ Ich war lebhaft und aggressiv. 3

☐ Ich wurde von allen verstanden. 4

Wer später kommt, hat Unrecht

In seinem Kapitel »Der Mensch und die Gruppe« beschreibt O. Kolle eine Situation im Wartezimmer eines Arztes. Langsam entwickelt sich zwischen den Patienten, die zunächst damit beschäftigt waren, in die Luft zu starren oder in Illustrierten zu blättern, ein Gespräch. Plötzlich tritt ein neuer Patient in den Raum. Er grüßt nicht. Er setzt sich abseits. Und als er dann auch noch von der Sprechstundenhilfe vorzeitig in das Sprechzimmer gebeten wird, kommt es fast zu einem Aufruhr unter den Wartenden. Man ist sich einig: »Ein Privatpatient, der glaubt, nur weil er eine dicke Brieftasche hat, sich alles erlauben zu können.« Plötzlich hat eine **Ansammlung** von Menschen ihre Solidarität entdeckt – sie ist zur **Gruppe** geworden.

Wir alle kennen diese Mauer aus prüfenden Blicken, durch die wir uns hindurcharbeiten müssen, wenn wir als Neuling in einen Betrieb kommen, als Gast zu einer Party erscheinen, die schon in vollem Gange ist, oder auf der Wartebank vor einem Behördenzimmer Platz nehmen. Auch wenn wir uns äußerlich nicht von den Menschen, die uns hier so kritisch mustern, besonders abheben: Wer später kommt, ist zunächst ein Außenseiter!

Das Problem neuer Gruppen: ein Wir-Gefühl herzustellen.

Woran liegt das?

Es gibt für jede Gruppe, die neu zusammentritt, zunächst vier Probleme zu lösen, damit sie ein Solidaritätsgefühl entwickeln kann: das Problem der **Identität**, das Problem der **Bedürfnisse**, das Problem der **Macht** und schließlich das Problem der **Intimität**.

Mit anderen Worten, jedes Gruppenmitglied will zunächst feststellen:

- Wie soll ich mich in dieser Gruppe verhalten, und als welche Person werde ich von der Gruppe akzeptiert (Identitätsproblem)?
- Welche Ziele hat diese Gruppe, und inwieweit decken sich diese Ziele mit meinen eigenen Bedürfnissen (Bedürfnisproblem)?

- Wer beansprucht in dieser Gruppe eine führende Rolle, und wie kann ich selbst die Gruppe im Hinblick auf meine Bedürfnisse beeinflussen (Machtproblem)?
- Wie offen sind die Mitglieder dieser Gruppe untereinander, und was darf ich selbst von mir und meinen Wünschen preisgeben (Intimitätsproblem)?

Nach einer gewissen Zeit ist dieser Prozess abgeschlossen, man ist sich »nicht mehr so fremd«. Das heißt aber nichts anderes, als dass jeder mehr oder weniger festgestellt hat, was er von den anderen (und von sich) in dieser Gruppe erwarten kann. Ein »Neuer« stört natürlich dieses eingespielte Selbstverständnis und wird daher so lange als Außenseiter empfunden, bis der oben beschriebene Prozess erneut abgelaufen ist und sich ein neues Gruppengleichgewicht eingestellt hat.

Es kann natürlich auch passieren, dass das neue Gruppenmitglied ein Außenseiter bleibt. Alle Personalchefs kennen das Problem, dass der größte Teil der Kündigungen in einem Unternehmen seinen Grund in den Anpassungsschwierigkeiten neuer Mitarbeiter hat, und wenden entsprechend viel Mühe auf, um Neulinge zu integrieren.

Übung Sie selbst können diesen Prozess der Integration beschleunigen, wenn Sie vor das Problem gestellt sind, der »Außenseiter« zu sein:

PRÜFEN SIE die Struktur der Gruppe:
Stellen Sie fest, wer Machtpositionen besitzt, welche Ziele die Mitglieder verfolgen.

PRÜFEN SIE die Intimität der Gruppe:
Stellen Sie fest, welcher Grad der Offenheit untereinander herrscht. Ist die Unterhaltung nur sachbezogen, oder werden auch persönliche Fragen besprochen?

MACHEN SIE den Vertrauenstest:
Befindet sich die Gruppe in der Phase des Konflikts, der Anpassung, der Uneinigkeit oder der Einigkeit?

PRÜFEN SIE Ihre eigene Identität in der Gruppe:
Welche Rolle will ich in dieser Gruppe spielen?
Welche Bedürfnisse möchte ich durchsetzen?
Was will ich von mir preisgeben, und was will ich von den anderen wissen?

PRÜFEN SIE, wie weit Sie Ihre eigene Identität ändern müssen, um sich den Gruppennormen anzupassen.

PRÜFEN SIE, ob Sie diese Änderung für sich vertreten können!

LITERATUR ZU DIESEM KAPITEL
Blake/Mouton, Verhaltenspsychologie im Betrieb
K. Hinst, S. 55 – 69, S. 98 – 101
P. Hofstätter, S. 158 ff, S. 169 ff
A. Oldendorff, S. 168 ff

8 Wer ist der Führer?

*»Wussten Sie schon, dass Frau Braumann mit ihrem Fahrlehrer durch-
gebrannt ist?!«*

Frau Braumann ist vielleicht nur für eine Woche verreist, und ihr jun-
ger Fahrlehrer, der übrigens seine reizende Freundin Inge innig liebt,
hat Frau Braumann lediglich zweimal von zu Hause abgeholt.

Wie und warum Gerüchte entstehen, ist schon eine interessante
Sache! Uns soll hier aber nur interessieren, auf welchem Wege sich
diese Gerüchte ausbreiten – ein Vorgang, der mindestens ebenso
bedeutsam ist wie ihre Entstehung. Nach einer Stunde weiß es die
Familie im dritten Stock, nach einem Tag gibt es die Verkäuferin im
Milchladen an der Ecke weiter. Aber nach einer Woche hat der alte
Herr Schönmilch, dieser Sonderling, noch immer nichts davon ge-
hört, obwohl er doch Tür an Tür mit den Braumanns wohnt!

Wir erkennen hier, dass Informationen sich nicht gleichmäßig
ausbreiten, sondern über bestimmte Kanäle weitergegeben werden.
In einem Mietshaus, in einem Verein, in einem Betrieb bilden diese Kanäle ein regelrechtes Informations*netz*. Wir können sogar den
Versuch machen, dieses Netz aufzuzeichnen, und erhalten dann das
Abbild der Informationsstruktur einer Gruppe von Menschen. In diesem Netz hat Herr Schönmilch nur einen Platz am Rande, während
die Verkäuferin im Milchladen der Knotenpunkt einer Reihe von
Informationsnetzen (Mietshäusern) ist, die nur über sie verbunden
werden. Sie hat sozusagen eine Zentralstellung im morgendlichen
Einkaufsklatsch besetzt!

Wir kennen auch in Vereinen und in Betrieben jene Leute, die immer etwas mehr zu wissen scheinen als die anderen und die aufgrund

dieser Tatsache oft ein Ansehen und einen Einfluss besitzen, der ihnen gemäß ihrer »Stellung« eigentlich gar nicht zukäme. Man bezeichnet diese Leute als die »informellen Führer« einer Gruppe.

Informelle Führung und formelle Führung sind oft nicht
deckungsgleich –

manchmal besitzt ein bestimmter Mitarbeiter wesentlich mehr Vertrauen seiner Kollegen als der Abteilungsleiter. Diese Zusammenhänge wurden erst relativ spät von Soziologen entdeckt, aber unbewusst
schon seit langem berücksichtigt.

Man kann beispielsweise den Aufbau einer Betriebshierarchie oder
die Unterrichtsform in der Schule als unbewussten Versuch ansehen,
formelle und informelle Führung möglichst zur Deckung zu bringen.
Im klassischen hierarchischen Organisationsmodell eines Unternehmens laufen alle Informationslinien einer Ebene beim jeweiligen Vorgesetzten zusammen. Wollen die Mitarbeiter von zwei Abteilungen
dienstlich miteinander kommunizieren, so ist dies nur über ihre jeweiligen Vorgesetzten möglich. Diese sitzen also zwangsläufig immer
in der Mitte des betrieblichen Informationsnetzes.

Auch in der Schule (alten Stils) ist dafür gesorgt, dass die Schüler
weitgehend über die Person des Lehrers miteinander kommunizieren. Wenn ein Schüler einen anderen berichtigen will,
so muss er dies zuerst dem Lehrer anzeigen – er muss
sich »melden«. Folgerichtig wird auch jedes direkte
Sprechen der Schüler untereinander während des Un-
terrichts verboten. Die zentrale Stellung des Lehrers
frontal zur Klasse verstärkt noch diese formelle Position.

Eine Frage der Führung:
das Kommunikationsnetz
gestalten!

Haben Sie sich schon einmal darüber Gedanken gemacht, warum
der Vortragende nicht im, sondern vor dem Auditorium steht und
warum bei Konferenzen der Diskussionsleiter einen einsamen Platz
an der Schmalseite des Tisches bekommt? Alle diese räumlichen Anordnungen sollen deutlich machen: Hier sitzt derjenige, über den alle
Fäden zu laufen haben!

Probieren Sie diesen Trick doch beim nächsten Mal aus – wenn die
Schmalseite des Tisches noch frei ist!

Kreis – Kette – Stern

»Einer muss doch die Verantwortung tragen!«, »Ohne straffe Führung geht es nun einmal nicht!« – solche Allgemeinplätze kennzeichnen ganz gut den Gedanken, der hinter der eben beschriebenen
Form des Kommunikationsnetzes steht. Es ist die Form der zentralen
Kommunikations- (und Führungs-)Struktur, wie sie am besten durch
den Stern wiedergegeben wird: Alle Informationen laufen strahlen-
förmig im Mittelpunkt (Führer) zusammen und können nur durch
diesen weitergegeben werden.

Auch heute ist man noch oft der Ansicht, dass dieses System am
leistungsfähigsten für die Erfüllung einer Aufgabe sei. Der patriarcha-
lische Vorgesetzte, der ohne Rücksprache mit den Mitarbeitern Aufgaben verteilt, um dann anschließend die
Vollzugsmeldungen entgegenzunehmen, ist noch lange
nicht ausgestorben. (Es soll hier nicht verschwiegen
werden, dass diese Form der Führung tatsächlich am
leistungsfähigsten ist, wenn es darum geht, eine Aufgabe möglichst
schnell auszuführen. Wir kommen gleich noch darauf, wenn wir unser Experiment »Kreis – Kette – Stern« besprechen.)

*Welches Kommunika-
tionssystem ist am leistungsfähigsten?*

Man redet heute viel vom Abbau der Autoritäten. Überall kann man
bemerken, dass zentrale Strukturen langsam zugunsten dezentraler
Formen der Führung abgebaut werden.

Die dezentrale Form lässt sich am besten durch einen Kreis darstellen. Es gibt keine zentrale Position mit irgendeiner besonderen,
vor den anderen hervorgehobenen Aufgabe. Jeder ist durch direkte
Kommunikationskanäle mit jedem verbunden. Der Mitarbeiter kann
bestimmte Probleme direkt mit dem Kollegen aus der anderen Abtei-
lung besprechen. Auch der Gruppenunterricht in der Schule ist ein
Versuch, den Lehrer etwas aus dem Mittelpunkt des Kommunikationsnetzes herauszulösen.

Oberflächlich betrachtet, scheinen alle diese Anstrengungen dem
Prinzip »Einer muss doch die Verantwortung tragen« zu widersprechen. Die Vertreter des Arguments »Ohne straffe Führung geht es

Kreis

Kette

Stern

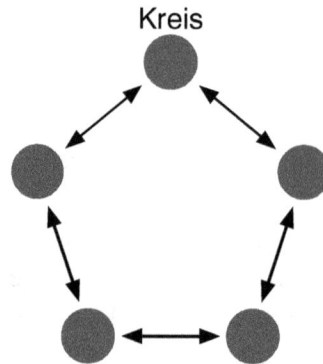

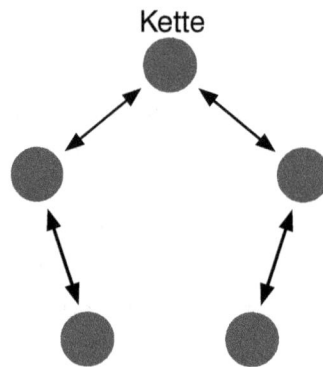

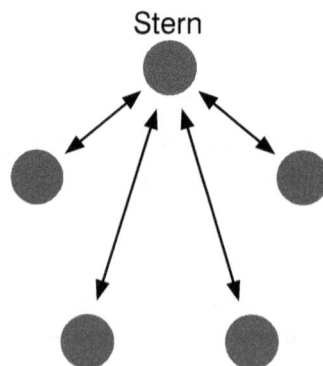

nun einmal nicht« betrachten folgerichtig all diese Bemühungen
mit Misstrauen. Scheinbar werden sie auch durch die Ergebnisse
wissenschaftlicher Experimente bestätigt. Es wurde festgestellt, dass
eine Arbeitsgruppe umso schneller mit einer gestellten Aufgabe fertig ist, je zentraler die Struktur des Kommunikationsnetzes in der
Gruppe ist.

Spiel Betätigen Sie sich einmal als Versuchsleiter, und prüfen Sie dies mit dem folgenden Experiment nach!

Sie benötigen dafür drei Versuchsgruppen mit je fünf Teilnehmern. Für jede Gruppe brauchen Sie jetzt noch einen Kartensatz. Auf der Seite 106 finden Sie in der obersten Spalte sechs Symbole abgebildet. Zeichnen Sie zunächst für jedes Gruppenmitglied der drei Versuchsgruppen die sechs Symbole auf je sechs Karten ab. Sie müssen also insgesamt 3 x 5 x 6 = 90 Karten mit je einem Symbol anfertigen.

In jeder Spielrunde (1 – 15) werden die Karten neu an alle Gruppenmitglieder der drei Versuchsgruppen verteilt, und zwar nach folgendem System:
Jedes Gruppenmitglied erhält in jeder Runde statt der sechs verschiedenen Symbolkarten nur fünf. Beachten Sie dazu den Versuchsplan auf Seite 106. In der ersten Runde fehlt zum Beispiel bei Gruppenmitglied Nr. 1 die »Dreieck«-Karte, bei Gruppenmitglied Nr. 2 die »Raute«-Karte, bei Gruppenmitglied Nr. 3 die »Stern«-Karte usw. In der Runde 1 haben also alle fünf Gruppenmitglieder nur die »Kreuz«-Karte (rechts), in der zweiten Runde nur die »Stern«-Karte usw.

Jede der drei Gruppen muss nun in jeder Spielrunde feststellen, welches ihr gemeinsames Symbol in dieser Runde ist.

WICHTIGSTE SPIELREGEL:

Kein Gruppenmitglied darf dabei sprechen. Die Gruppe darf sich nur auf schriftlichem Wege (mithilfe von kleinen Zetteln, die Sie vorbereiten müssen) verständigen!

Ihre Aufgabe als Leiter des Experiments ist es, für jede Gruppe andere Wege der Verständigung (Kommunikationsnetze) festzulegen. Drei mögliche Kommunikationsnetze finden Sie auf Seite 104 abgebildet: den Stern (stark zentralistisch), die Kette (weniger zentralistisch) und den Kreis (stark dezentralistisch).

Spielplan für „Kreis – Kette – Stern" - Versuch

Kartensymbole: ▲ ◆ ✳ ● ■ ✚					
Versuch Nr.	Fehlendes Symbol bei Gruppenmitglied				Gemeinsames Symbol
	1	2	3	4	5	
1	▲	◆	✳	●	■	✚
2	◆	●	■	▲	✚	✳
3	✚	✳	■	▲	◆	●
4	■	◆	▲	✳	✚	●
5	●	✳	✚	▲	■	◆
6	▲	●	■	✳	◆	✚
7	■	✚	●	◆	▲	✳
8	◆	✳	■	✚	●	▲
9	✳	◆	■	▲	●	✚
10	✚	●	■	✳	◆	▲
11	●	✚	▲	◆	✳	■
12	✳	●	■	▲	✚	◆
13	▲	●	◆	■	✚	✳
14	■	◆	✚	✳	▲	●
15	✚	●	■	◆	✳	▲

Natürlich können Sie auch andere Netze selbst erfinden und auspro-
bieren. Am besten gruppieren Sie die Teilnehmer am Experiment entsprechend den Zeichnungen um einen Tisch und stellen Sichtblen-
den aus Pappe auf, damit die Karten der anderen auch wirklich nicht
gesehen werden.

Die Gruppe muss nun auf schriftlichem Wege herausfinden,
welches das gemeinsame Symbol in der Spielrunde 1 ist. Erst wenn
jedes Gruppenmitglied dieses Zeichen kennt (was durch Handheben
angezeigt wird), werden die für die Lösung benötigte Zeit festgehalten und die Karten für Runde 2 neu verteilt.

Stellen Sie fest, wie viel Zeit jede Gruppe benötigt, um alle 15 Zeichen herauszufinden!

Wir wollen das Ergebnis dieses Experiments hier schon verraten:
In der Regel wird die Stern-Gruppe die Aufgabe am schnellsten lösen.
Also zurück zur alten patriarchalischen Führungsform?
Das wäre vielleicht sinnvoll, wenn wir es überwiegend   *Kreis oder Stern – das hängt*
mit solchen einfachen Aufgaben wie in unserem Expe-   *auch vom Problem ab!*
riment zu tun hätten. Bei schwierigeren Problemen da-
gegen ist der Kreis dem Stern eindeutig überlegen – denken Sie an das,
was über die Gruppe als Kreativitätsfaktor gesagt wurde. Generell
sollte also bei der Lösung von Problemen das Motto: »Keiner weiß
so viel wie alle!« gelten.

Wo stehen Sie auf dem Weg vom Stern zum Kreis? Machen Sie bitte
unseren Test im nächsten Abschnitt!

Sind Sie ein X- oder Y-Typ?

Der amerikanische Psychologe McGregor meint, dass es im Wesentlichen zwei gegensätzliche Theorien (er nennt sie »X« beziehungsweise »Y«) gibt, von denen sich Führungskräfte in Unternehmen in ihrem Verhalten gegenüber den Mitarbeitern bestimmen lassen.

Die Vertreter der Theorie »X« bevorzugen die Führungsform im Stern, und sie sehen ihre Mitarbeiter nicht als Mitarbeiter, sondern eher als Befehlsempfänger. Führung heißt hier Aufgabenverteilung.

THEORIE „X"

	0	1	2	3
Dem Durchschnittsmenschen ist eine Abneigung gegenüber der Arbeit angeboren, und er versucht, Arbeit zu vermeiden, wo immer er kann.				
Als Folge der Abneigung gegenüber der Arbeit muss der Mensch gezwungen, kontrolliert, bedroht oder bestraft werden, um die erwartete Leistung zu erbringen.				
Der Durchschnittsmensch zieht es vor, angeleitet zu werden. Er versucht, Verantwortung abzuwälzen, entwickelt wenig Ehrgeiz, verlangt nach Sicherheit und möchte sich vor allem wie die Mehrheit der Menschen verhalten.				
Der Durchschnittsmensch nutzt seine intellektuellen Fähigkeiten nur teilweise aus, er denkt träge und unproduktiv.				
Punkte:				

Die Vertreter der Theorie »Y« folgen der Ansicht der Verhaltenswissenschaftler, dass der Mensch von Natur aus – unter entsprechenden Bedingungen – leistungsfreudig und kreativ ist. Sie verteilen dementsprechend nicht Aufgaben, sondern setzen Ziele. Anregungen der Mitarbeiter werden gerne entgegengenommen, und entsprechend wird die Arbeitsform im Kreis bevorzugt.

THEORIE „Y"

	0	1	2	3
Sich physisch oder geistig anzustrengen, ist dem Menschen ebenso eigen wie der Spieltrieb. (Unabhängig davon kann eine bestimmte Arbeit natürlich befriedigend oder auch enttäuschend sein.)				
Äußere Kontrolle und Androhung von Strafen sind nicht wirksam, Menschen zu veranlassen, bestimmte Ziele zu erreichen. Im Grunde ziehen die Menschen es vor, Eigenverantwortung und Selbstkontrolle zu übernehmen.				
Der Mensch übernimmt nicht nur gern Verantwortung, sondern sucht sie. Scheu vor Verantwortung, Mangel an Ehrgeiz und Sicherheitsdenken sind oft nur die Folgen von schlechten Erfahrungen.				
Einfallsreichtum und Kreativität finden sich weit mehr, als man allgemein annimmt.				
Punkte:				

Test Sie finden in der Liste der X- und Y-Theorie auf den Seiten 108/109 insgesamt acht Aussagen über das Arbeitsverhalten von Menschen. (Sie wurden dem Buch »Motivation und Führungsorganisation« von Hans Werner entnommen.) Bitte entscheiden Sie sich, welcher der zwei jeweils angegebenen Alternativen Sie mehr zustimmen können, und kreuzen Sie die entsprechende Zahl auf der Skala an. Dabei steht:

3

für »volle Zustimmung«,

2

für »überwiegende Zustimmung«,

1

für »gewisse Zustimmung« und

0

für »unentschieden«.

Zählen Sie jetzt bitte (getrennt für die rechte und die linke Seite der Skala) Ihre Punktwerte zusammen. Wo haben Sie mehr Punkte gesammelt – auf der X- oder auf der Y-Seite?

Wir wollen dem »X-Typ« zugestehen, dass er überall genug Beispiele für seine Theorie finden kann, dass es also viele Menschen zu geben scheint, welche lieber Aufgaben entgegennehmen, anstatt selbstständig zu handeln. Wir sprechen aber in diesem Buch nicht umsonst so oft davon, wie sehr das Verhalten des Einzelnen von anderen abhängig ist. Wer im Elternhaus, in der Schule, beim Militär und dann in seiner Lehrzeit immer die Erfahrung gemacht hat, dass es einige wenige gibt, die bestimmen, und viele, die gehorchen müssen, wird natürlich nicht so schnell »umschalten« können, wenn eine andere Art der Zusammenarbeit von ihm verlangt wird.

Wenn Sie, lieber Leser, ein X-Typ sind und Ihre Mitarbeiter (oder Schüler) daran gewöhnt haben, kritiklos Ihre Anordnungen entgegenzunehmen, dürfen Sie sich nicht wundern, dass diese ihre Versuche, selbstständig zu denken, aufgegeben haben. Und wenn Sie sagen: »Die X-Theorie hat doch recht. Die Menschen sind dumm und

Haben Ihre Mitarbeiter das Denken aufgegeben?

faul!« – dann wird sich natürlich auch diese Auffassung erfüllen, weil Ihre Mitarbeiter/Schüler danach handeln und entsprechende Verhaltensweisen erzeugen.

In der Verhaltenswissenschaft nennt man das eine »sich selbst erfüllende Prophezeiung«!

Tüchtig oder beliebt?

Gehen wir noch einmal zurück an den Anfang dieses Kapitels, zurück zu unserer Verkäuferin als »Knotenpunkt« mehrerer Kommunikationsnetze. Abgesehen davon, dass diese junge Dame eine informelle Führungsposition in ihrem Viertel hat, kann man sich gut vorstellen, dass es ihr ganz einfach Spaß macht, täglich mit so vielen Menschen ins Gespräch zu kommen. Das Kommunikationsbedürfnis scheint ein Grundbedürfnis des Menschen zu sein. Damit haben wir den zweiten Grund, warum der Kreis als Kommunikations- und Arbeitsform dem Stern überlegen ist:

Der Kreis erfüllt die Bedürfnisse nach sozialem Kontakt weitaus
besser als der Stern.

Entsprechend wurde auch in dem von uns beschriebenen Experiment »Kreis – Kette – Stern« festgestellt, dass die Zufriedenheit und Motivation zur Zusammenarbeit in den Kreis-Gruppen am größten waren. Langfristig wird sich diese Zufriedenheit auch auf die Arbeitsergebnisse dieser Gruppe auswirken, besonders wenn es um die Bewältigung schwieriger und ungewohnter Aufgaben geht – selbstständiges Denken lässt sich eben nicht anordnen!

Wer auf die Bereitschaft (Motivation) zur Zusammenarbeit angewiesen ist, muss durch eine geeignete Organisationsform für ein möglichst dichtes Kommunikationsnetz sorgen. Dieses Netz – es soll noch einmal ganz deutlich gesagt werden – hat nicht nur die sachliche Funktion eines optimalen Informationsaustausches zur Lösung eines Problems. Es erfüllt auch grundlegende emotionale Bedürfnisse nach Kontakten in der Gruppe.

Eigentlich steht hinter jeder menschlichen Handlung irgendein emotionales Grundbedürfnis. Wir haben es nur lernen müssen, diese Wahrheit zu vergessen, und erfassen daher oft nur den »halben Menschen«. Gewiss, es gibt das emotionale Grundbedürfnis des Menschen, etwas »zu leisten«. Ob aus diesem Bedürfnis eine Bergwanderung, ein Gedicht oder ein Verkaufsrekord am Jahresende entsteht, ist zunächst noch völlig ungewiss.

Damit soll gesagt werden, dass »Bergwandern«, »Gedichte schreiben« oder »Geschäfte machen« nicht ohne Weiteres mit dem dahinter stehenden Grundbedürfnis gleichgesetzt werden dürfen. Genau das ist aber oft der Fall, wenn wir heute in unserer Kultur von Leistung sprechen. Es wird uns eingeredet, Produktionsziffern, Pünktlichkeit am Arbeitsplatz oder der Monatsumsatz seien aus sich heraus gut und wertvoll. Die Emotionen, die der eigentliche Motor unserer Handlungen sind, sollen wir bei der Verfolgung dieser Ziele am besten zu Hause lassen – sie sind ja »unsachlich« und daher oft »störend«.

Eine gute Führung muss auch die emotionalen Bedürfnisse der Gruppe erfüllen!

Wir haben gesagt, dass wir nur den halben Menschen erfassen, wenn wir glauben, bei der Verfolgung irgendwelcher sachlicher Ziele auf den Bereich unserer Gefühle und emotional bestimmten Wünsche verzichten zu können. Wissenschaftliche Untersuchungen zum Führungsverhalten haben festgestellt, dass es in unserer Gesellschaft tatsächlich eine Aufspaltung in zwei Führertypen zu geben scheint, die jeweils die »halbe« Seite der Führung verwirklichen: auf der einen Seite der sachliche, leistungsorientierte Typ (»der Tüchtige«), auf der anderen Seite der emotionale, personenorientierte Typ (»der Beliebte«).

Schon in der Schule konnten wir die Beobachtung machen, dass Klassenprimus (»der Tüchtige«) und Klassensprecher (»der Beliebte«) meist nicht identisch waren. Es sollte uns zu denken geben, dass der in unserem Kulturbereich verwendete Leistungsbegriff die emotionale Seite des Menschen zwar unbewusst, aber dennoch sehr wirksam auszuschließen oder zumindest in einen anderen Lebensbereich zu verweisen scheint. Aber es sollte noch mehr zu denken geben, dass langfristig diejenigen am erfolgreichsten sind, die nicht vergessen haben, dass hinter jeder Leistung menschliche Bedürfnisse stehen – also diejenigen, die es verstehen, in ihrem Verhalten die beiden Hälften »Sachlichkeit« und »Emotionalität« wieder zu einer Einheit zu integrieren.

Die Amerikaner Blake und Mouton haben diese beiden Komponenten in einem »Verhaltensgitter« dargestellt und kennzeichnen
damit verschiedene Führungsstile. Die beiden Bereiche »Betonung
des Menschen« und »Betonung der Leistung« werden in diesem
Verhaltensgitter jeweils mit einer neunstufigen Skala bewertet. Zur
Demonstration haben wir hier einmal fünf mögliche Kombinationen
herausgegriffen:

DER 1.1-TYP

Er geht den Weg des geringsten Widerstandes. Eigentlich interessiert
ihn weder die Leistung noch der Mensch. Tauchen Schwierigkeiten
auf, dann spielt er U-Boot. Er ist anwesend und doch abwesend.

1.9 Typ	„Seid nett zueinander!"					„Führen heißt Engagement für Menschen und Aufgaben!"		9.9 Typ
				5.5 Typ				
			„Lieber alles beim Alten lassen!"					
						„Nur Autorität und Gehorsam halten die Welt zu-sammen!"		
1.1 Typ	„Nur nicht auffallen!"							9.1 Typ

PERSONENORIENTIERUNG

LEISTUNGSORIENTIERUNG

DER 9.1-TYP

Sein oberstes Gebot heißt Leistung. Zwischenmenschliche Beziehungen sind unerwünscht, weil sie sich störend auf die Arbeit auswirken könnten. Der Mensch ist Mittel zum Zweck. Menschliche Beziehungen gründen sich auf Autorität und Gehorsam.

DER 1.9-TYP

Die Arbeitsatmosphäre ist freundlich und entspannt. Treten Schwierigkeiten auf, werden sanft Humanität und guter Wille gepredigt. Konflikte werden daher möglichst vermieden oder freundlich übergangen. Eigentlich mag er gar nicht führen.

DER 5.5-TYP

Er ist der Typ des konservativen Kompromisslers. Eigentlich kann er sich nie entscheiden, ob er nun mit der »Peitsche« drohen oder mit »Zuckerbrot« locken soll. Er ist der Durchschnittsmensch, der alles lieber beim Alten lässt, wenn es sich einigermaßen bewährt hat.

DER 9.9-TYP

Der Idealtyp im Verhaltensgitter. Begeisterungsfähigkeit und Einsatzbereitschaft werden mit betonter menschlicher Zuwendung verbunden. Konflikte werden nicht vermieden, sondern offen unter Berücksichtigung der Interessen aller Beteiligten ausgehandelt.

Übung Zwei Aufgaben zum Nachdenken für Sie:

Welche Stellung geben Sie sich und Ihren Mitarbeitern im Verhaltensgitter?

Was geschieht nach Ihrer Meinung, wenn zum Beispiel ein 9.1-Verkaufschef mit einem 1.9-Kunden verhandelt?

9 Rückmeldungen

Erinnern Sie sich noch an Ihre erste Fahrstunde? Bedrohlich rückt der rechte Straßenrand näher, ängstlich ziehen wir das Steuer nach links, und dort scheinen schon die entgegenkommenden Wagen darauf zu lauern, mit uns zusammenzustoßen. Allmählich lernen wir, die Abweichungen vom »rechten Weg« schneller zu erkennen und unser Fahrzeug entsprechend zu steuern. Der Kapitän eines Schiffes ist auf Leuchttürme oder Sterne angewiesen, um den richtigen Kurs bestimmen zu können. Abweichungen meldet der Navigationsoffizier sofort an die Brücke, und dann erhält der Steuermann die Anweisung, den Kurs entsprechend zu korrigieren.

Mit diesen beiden Beispielen haben wir das klassische kybernetische Modell des Regelkreises beschrieben:

Ein bestimmtes Ziel soll mit einer bestimmten Handlung erreicht werden. Der Grad der Zielerreichung wird laufend an den Handelnden zurückgemeldet. Führt die Handlung nicht zum Ziel, das heißt, liegt eine Abweichung vor, führt die Information über die Abweichung zu einer entsprechenden Reaktion des Handelnden. Das Modell des Regelkreises macht sehr anschaulich klar, wie wichtig Informationen über die Ergebnisse unseres Handelns für uns sind. Führen wir das Beispiel mit der Fahrstunde noch einmal fort. Wenn sich ein Auto im dichten Nebel bewegt – den Fahrer also keine Rückmeldungen darüber erreichen, wo er sich gerade befindet –, ist das Fahren unmöglich geworden. Solche Rückmeldungen brauchen wir auch im Umgang mit anderen Menschen, wenn wir wissen wollen, wo wir gerade stehen.

Rückmeldungen helfen, Zusammenstöße zu vermeiden.

Das Modell des Regelkreises lässt sich auf jedes Gespräch anwenden. Wir haben ein bestimmtes Ziel – aus den Äußerungen unseres Partners entnehmen wir, dass wir unser Ziel nicht erreichen –, wir ändern unsere Gesprächstaktik. Jetzt können wir auch verstehen, warum wir bei einem solchen Gespräch einen schweigenden Gesprächspartner nicht gern mögen. Wir irren dann in einem Nebel ohne Informationen herum, und die Redewendung »im Dunkeln tappen« drückt dies sehr gut aus!

Aber auch wenn der andere nicht bewusst schweigt, können wir seine Informationen falsch verstehen, aus den verschiedensten Gründen, wie wir später noch sehen werden. Um »Zusammenstöße« zu vermeiden, ist es aber wichtig, dass wir die Rückmeldungen anderer Menschen richtig empfangen und unsere eigenen Rückmeldungen von anderen richtig aufgenommen werden.

In einer Gruppe spielt sich Ähnliches ab wie beim Autoscooter auf der Kirmes: Man empfängt Informationen, wohin die anderen sich bewegen, und auch unser eigener Kurs wird von den anderen registriert. Schließen wir einmal den Fall des bewussten Zusammenstoßes aus, dann prallen wir nur dann mit einem anderen zusammen, wenn er oder wir die Richtung, in die wir uns bewegen, falsch gedeutet haben.

Beim Autoscooter könnten sich die Fahrer darauf einigen, nur rechts zu fahren, und bestimmte Signale zur Verständigung vereinbaren. Alle Fahrer können sich dann freier und schneller bewegen. Und auch in einer Gruppe ist ein freieres und schnelleres Bewegen möglich, wenn bestimmte Regeln beim Austausch der Rückmeldungen beachtet werden.

In der Gruppendynamik hat sich anstatt »Rückmeldung« der Ausdruck »Feedback« eingebürgert, wir wollen es auch hier im Weiteren verwenden. Feedback über die Auswirkungen unseres Verhaltens erhalten wir von anderen in allen möglichen Formen. Es kann auch unbewusst und nichtsprachlich gegeben werden: Wir erzählen eine – wie wir meinen – interessante Geschichte und bemerken, dass einer der Zuhörer anfängt, zu gähnen. Unser Gehirn nimmt die Information »gähnen« auf und deutet diese als »Langeweile«. Ist uns der Zuhörer wichtig, versuchen wir jetzt, wieder seine Aufmerksamkeit zu gewinnen.

Der ganze Vorgang (Regelkreis) spielt sich also ab, ohne dass darüber ein Wort gesprochen wird und ohne dass es beiden bewusst wird. Ein einfaches Nachfragen hätte unter Umständen ergeben, dass der Zuhörer sich zwar für die Erzählung interessiert, aber einen sehr anstrengenden Tag hinter sich hat. Wir können also Verhaltensreaktionen falsch deuten und erhalten somit ein falsches Feedback. Aus dieser Einsicht ergibt sich die erste wichtige Regel für die Gesprächsführung:

Da die Gefahr besteht, dass wir unseren Gesprächspartner falsch verstehen, müssen wir uns vergewissern, dass wir seine Signale richtig interpretieren. (Wie oft passiert es, dass zwei Streithähne am Ende eines langen Dialogs erkennen, dass sie eigentlich das Gleiche gemeint und gewollt haben und ihr ganzer Eifer nur auf einem Missverständnis beruhte. Überrascht stellen beide fest: Eigentlich sind wir doch der gleichen Meinung!)

Wir sollten also bewusster als bisher versuchen, Feedback richtig zu empfangen und auch zu übermitteln. Schon beim »Fenster mit dem blinden Fleck« (Seite 15) haben wir ja gesehen, wie wichtig es ganz allgemein ist, Informationen über sich zu geben und Informationen von anderen zu bekommen. Der Erzähler hätte also beispielsweise, als er das Gähnen bemerkte, fragen können: »Ich sehe, dass Sie gähnen. Ist Ihnen vielleicht meine Geschichte zu lang geworden?« (Diese Frage erscheint banal. Aber wie oft hat man Hemmungen, eine derartige Frage zu stellen!) Der Zuhörer hat jetzt Gelegenheit, zu antworten, und kann damit verhindern, dass Sie seine Reaktion falsch interpretieren: »Ich interessiere mich sehr für das, was Sie sagen. Aber ich bin jetzt zu müde und kann deshalb nicht mehr folgen! Gerade weil es so interessant ist, wäre es mir lieber, Sie würden mir morgen mehr darüber erzählen!«

Wir müssen uns vergewissern, dass wir die Signale unseres Gesprächspartners richtig interpretieren.

Wir haben gesagt, dass es nicht nur wichtig ist, Feedback richtig zu empfangen. Ebenso wichtig ist es, anderen richtiges Feedback zu geben. Wenn wir hier anregen, anderen Menschen mehr als bisher

Informationen darüber zu geben, wie sie auf uns wirken, dann ist dies nicht etwa Anstiftung zu einem vorlauten Verhalten. Wir haben oben schon den taktischen Schweiger erwähnt, der uns nicht sagen will, wie unsere Informationen bei ihm »angekommen« sind. Durch die fehlende Rückmeldung ist unsere Beziehung zu solchen Menschen unklar (neblig!). Dieser Zustand wird mit Recht von uns als unangenehm empfunden. Im Allgemeinen können wir daher annehmen, dass andere es dankbar registrieren, wenn wir ihnen sagen, wie ihr Verhalten auf uns wirkt. Die Frage »Was hältst du von mir?« ist fast jedem Menschen sehr wichtig!

Warum müssen wir aber oft die Erfahrung machen, dass unser Feedback falsch ankommt und dann Aggressionen beim Gesprächspartner auslöst? Betrachten wir einmal die folgenden Formen des Feedbacks:

»Du bist unverschämt!«
»Du bist empfindlich!«
»Du willst mich ärgern!«
»Ich bin böse auf dich!«

Eigentlich liegt hier gar kein echtes Feedback vor. Wir haben nicht gesagt, wie der andere auf uns wirkt, also sein konkretes Verhalten beschrieben, sondern wir haben schon gesagt, wie wir den anderen bewerten (bzw. abwerten!).

Wenn wir sagen »Du bist unverschämt!« oder »Du willst mich ärgern!«, so unterstellen wir dem anderen bestimmte Charakterzüge oder Motive seines Handelns. Wir interpretieren damit sein Verhalten, ohne zu sagen, wie dieses Verhalten eigentlich genau aussieht.

Wir wollen den Unterschied zwischen beschriebenem und interpretiertem Verhalten noch deutlicher machen. Wir haben vielleicht gerade einem anderen gesagt: »Du bist arrogant!« Zu diesem Schluss sind wir durch ein **beobachtetes** Verhalten gekommen: Unser Gesprächspartner hat die Augenbrauen gehoben, als wir eben etwas sagten. Er hat uns nicht gegrüßt, als er den Raum betrat. Er hat immer ein »ironisches« Lächeln um die Mundwinkel.

Durch diese Beobachtungen kommen wir zu dem Schluss: Dieser Mann ist arrogant! Vielleicht steckt aber hinter all diesen Verhaltensweisen nur Unsicherheit? Immerhin wäre ja auch diese Interpretation möglich.

Wie können wir nun unsere Interpretation überprüfen?

Indem wir diesem Mann nicht sagen, wie wir sein Verhalten **empfinden**, sondern wie wir es **sehen**. Diese Regel zwingt uns dazu, unser Feedback mit einem konkreten Inhalt zu füllen: »Als ich eben meine Meinung vertreten habe, zogst du deine Mundwinkel herab. Du machst dies öfter, wenn andere etwas sagen, und wirkst damit auf mich arrogant ...«

Auch die Information »Ich bin böse auf dich!« ist nicht sehr präzise. Wir teilen dem anderen hier zwar etwas über unsere eigenen Gefühle mit und geben ihm damit eine Information über uns. Aber wir helfen ihm damit nicht, sich selbst klarer zu sehen. Als wir sagten, dass wir böse seien, meinten wir das vielleicht als ernst gemeinte Information und nicht

Nicht Eindrücke, sondern Verhalten rückmelden!

als Anklage. Unser Gesprächspartner kann es aber als Ausdruck unseres Ärgers oder als eine Anklage interpretieren. Anklagen erzeugen aber meistens defensive Gegenanklagen! Wir erhalten dann die Rückmeldung: »Ich bin auch böse auf dich, weil ...«

Auch unsere eigenen Gefühle können wir genauer ausdrücken. Statt eines allgemeinen »Ich bin böse ...« sagen wir vielleicht: »Ich habe Angst, weil du jetzt so schnell fährst!« oder »Ich ärgere mich, weil du mich dauernd unterbrichst!«

Auch wenn wir unsere Gefühle gegenüber einem anderen Menschen ausdrücken, sollten wir versuchen, ihm ganz konkret sein Verhalten mitzuteilen, das diese Gefühle in uns ausgelöst hat. Wir helfen ihm damit, sich selbst und uns besser zu verstehen! Oft geschieht das Heben der Augenbrauen oder das Herabziehen der Mundwinkel ja unbewusst, und wenn es uns niemand sagt, können wir nicht wissen, dass dieses Verhalten bei anderen das Signal »arrogant« auslöst. Vielleicht fährt der sportliche Fahrer nur deshalb so schnell, weil er glaubt, seiner Beifahrerin mache dies genauso viel Spaß wie ihm!

Achten Sie einmal darauf, wie oft in Ihrer Umgebung unpräzises Feedback gegeben wird, das keinem der Beteiligten etwas nützt:

interpretierend, wertend, defensiv, Ausdrücken von Gefühlen, ohne die Ursachen anzugeben, usw.

Zum Abschluss dieses Abschnitts wollen wir noch anregen, in Zukunft auch positives Feedback genauer zu geben. Statt einfach »Du bist klasse!« sagen wir vielleicht: »Dein Humor hilft mir oft, wenn ich deprimiert bin!«

Übung Nehmen Sie sich als kleine Übung für den nächsten Tag einmal vor, nur zu beschreiben, anstatt zu interpretieren. Sie werden schnell feststellen, dass Sie sich auch der Ursachen für Ihre Gefühle gegenüber anderen Menschen klarer werden, als dies bisher der Fall war!

Spieglein, Spieglein an der Wand ...

In seinem Buch »Die Gruppe« beschreibt Horst E. Richter sehr anschaulich die Probleme und Schwierigkeiten in so genannten »Initiativgruppen«. Wohngruppen, Kinderläden, Elterninitiativen, studentische Arbeitsgruppen werden mit viel Enthusiasmus gegründet und dann enttäuscht wieder aufgelöst.

»Man hat sich nicht verstanden.«
»Die Interessen waren zu unterschiedlich.«
»Die sachlichen Probleme konnten nicht gelöst werden.«

Solche und ähnliche Erklärungen werden angeführt, um das Scheitern zu begründen. Und seit der spektakulären Auflösung der ersten »Kommunen« gibt es genug Stimmen, die daraus den Beweis ableiten, dass der Mensch eben ein Einzelwesen und die Gemeinschaft »Ehe« die einzige ihm gemäße Form des Zusammenschlusses sei.

Diese Schlussfolgerung ist allerdings etwas voreilig. Wie kann man von Menschen, die von Kindheit an zum Individualismus erzogen worden sind, erwarten, dass sie sich sofort die neuen Verhaltensweisen aneignen, die zum Leben in Gruppen nun einmal notwendig sind! »Vertraue auf dich und sonst niemanden!«, »Gebrauche deine Ellenbogen!«, »Nur der Beste setzt sich durch!« Wer mit solchen Leitsätzen groß geworden ist, hat auch gelernt, dass man nie sagen darf, was man denkt, und dass eine höfliche Maske der beste Selbstschutz ist. Einem anderen zu sagen, was man von ihm denkt, ist nicht nur ungehörig, sondern löst auch Unbehagen aus!

Mit einem Wort – wir alle haben es mehr oder weniger gelernt, unseren Mitmenschen zunächst mit der Haltung des Misstrauens zu begegnen. Diese Einstellung ist zwar im Laufe der Zeit bei uns ins Unterbewusstsein gesunken, bleibt aber dennoch sehr wirksam.

Sie werden dem jetzt vielleicht entgegenhalten, dass für Sie diese Einstellung nicht gilt. Sie suchen ja gerade Kontakt, wollen einem Verein beitreten, arbeiten in einem Initiativkreis mit ... Bestimmt haben Sie aber nicht vergessen, welche Gefühle Sie während des ersten Zusammentreffens mit einer Gruppe Ihnen völlig fremder Menschen hatten: »Wie wird man mich aufnehmen?«, »Was hält man hier von mir?« Diese oder ähnliche Fragen werden Sie neben der Freude, andere Menschen kennen zu lernen, bestimmt ebenso bewegt haben. Sie bleiben auch gültig, wenn eine Gruppe von Menschen schon längere Zeit zusammen ist. Wir glauben dann zwar, sie beantworten zu können, aber ganz sicher sind wir eben doch nicht.

Nimmt der Prozess des gegenseitigen Kennenlernens in einer Gruppe einen falschen Weg, kommt es bald zu gegenseitigem Misstrauen, mangelndem Verständnis, Unterstellen von Motiven (»Ihm geht es nur um seinen Vorteil!«) oder sogar zu Zwangsvorstellungen (»Er mag mich nicht!«). Schließlich gehen sich alle aus dem Weg und belauern sich gegenseitig: »Was denkt der andere jetzt von mir?« – »Wie kann ich meine Interessen am besten durchsetzen, ohne die anderen das merken zu lassen?« Schließlich ist der Zustand erreicht, den Sartre in einem seiner Dramen so treffend mit dem Satz umschreibt: »Die Hölle, das sind die anderen!« Schließlich trennt man sich, und um das eigene Versagen zu bemänteln, sucht man nach Begründungen – Unvereinbarkeit der Charaktere, man passt nicht zusammen, die Interessen waren zu unterschiedlich ...

Gruppenbildung kann auch fehlschlagen!

Am Anfang dieses Abschnitts haben wir deutlich gemacht, wie ein solcher Zustand durch das falsche Interpretieren von Signalen anderer oder durch schlechtes Feedback-Verhalten entstehen kann. Selbst wenn man diese Gefahren erkennt und versucht, offen zu sein, entstehen Missverständnisse und Ärger laufend neu.

Die Gruppen, die Horst E. Richter in seinem Buch beschreibt, wurden regelmäßig von ihm beraten, um solche Probleme rechtzeitig zu erkennen und Lösungswege zu suchen. Nun haben Sie in Ihrer Gruppe aber wahrscheinlich nicht ständig einen psychologisch oder gruppendynamisch ausgebildeten Berater zur Verfügung, der die Gruppe mit sich selbst konfrontiert, ihr also gewissermaßen den Spiegel vorhält: »Seht, so seid Ihr in dieser Gruppe, und so versucht Ihr eure Probleme zu lösen ...«

Die folgenden Spiele sollen nun zwar nicht einen ausgebildeten Berater ersetzen, aber sie bieten doch die Möglichkeit für eine Gruppe, gegenseitig in mehr oder weniger spielerischer Form Feedback zu geben und zu empfangen. Sich gegenseitig offen zu sagen, wie man den anderen wahrnimmt, welche Motive man bei ihm vermutet, welche Gefühle er bei uns auslöst, und selbst dieses Feedback von anderen entgegenzunehmen – das ist nicht nur der erste, sondern auch der wichtigste Schritt zur Klärung von Missverständnissen und zur Aufarbeitung schwelender Konflikte.

Feedback-Sitzungen sollten eigentlich alle Gruppen, welche regelmäßig zu einem bestimmten Zweck zusammenkommen – von den oben erwähnten Wohngemeinschaften bis zum Festausschuss eines Vereins –, zu einer festen Einrichtung bei ihren Zusammenkünften machen. Ob dafür nun ein besonderer Tag vorgesehen ist oder ob im Anschluss an jede Zusammenkunft eine Feedback-Phase stattfindet, ist gleichgültig – es sollte zur Gewohnheit werden, wie für manche Leute der Einkauf am Samstagvormittag!

Zwischenmenschliche Probleme haben meist nicht nur einen sachlichen, sondern überwiegend einen emotionalen Hintergrund.

Sie können vielleicht verhindern, dass eine Gruppe sich einredet, nicht zusammenarbeiten zu können, weil verletzte Eitelkeit und Missverständnisse es unmöglich machen, vernünftig miteinander zu reden.

In einer gut funktionierenden Gruppe sollte offenes Feedback selbstverständlich sein. Wenn dies erst einmal geübt wurde, wird der Vorteil von offenen Rückmeldungen auch schnell erkannt. Man arbeitet einfach reibungsloser zusammen, weil Differenzen sofort geklärt werden können, bevor sie zu Aggressionen oder strategischen Abwehrmaßnahmen führen.

Wir dürfen aber nicht vergessen, dass wir das richtige Rückmelden meist nicht gelernt haben und es uns vielleicht sogar zunächst peinlich ist. Hier sind die von uns vorgeschlagenen Feedback-Spiele eine Hilfe.

Oft findet man vielleicht auch gar nicht die richtigen Worte, um auszudrücken, was man dem anderen sagen will. Das Umschreiben von Eindrücken ist dann oft leichter, weil man sich ohnehin in der

Umgangssprache des Vergleichs bedient, um etwas auszudrücken, wozu sonst lange Erklärungen notwendig wären: »Wie ein Fisch im Wasser«, »unter einer zentnerschweren Last« sind z. B. Bilder, die weitaus plastischer sind als viele Worte.

Der Grundgedanke bei unseren Feedback-Spielen ist, dass man oft Schwierigkeiten hat, genau auszudrücken, was am anderen stört oder gefällt. Um sich erst einmal daran zu gewöhnen, öfter als bisher Feedback zu geben, sind solche und ähnliche Spiele, die Sie übrigens auch selbst erfinden können, ein guter Anfang.

Unsere Spielregeln auf den Seiten 131 ff werden Ihnen dabei helfen, anderen präziser als bisher mitzuteilen, was Sie ihnen sagen wollen. Machen Sie auch Ihren Gesprächspartner, der diese Regeln nicht beachtet, darauf aufmerksam. Manches Missverständnis im Gespräch wird dann gar nicht erst entstehen.

Übung Paar-Interview

Nach einer normalen Arbeitssitzung sucht sich jedes Gruppenmitglied einen Partner, bei dem es das Gefühl hat, dass bei der Arbeit entstandene Meinungsverschiedenheiten oder Konflikte noch nicht für beide Seiten zufriedenstellend gelöst wurden.

Überprüfen Sie jetzt den Eindruck, den Sie von Ihrem Partner während der Arbeitssitzung bekommen haben. Gehen Sie von der Möglichkeit aus, dass Sie sein Verhalten vielleicht falsch wahrgenommen oder falsch interpretiert haben könnten.

Fragen Sie Ihren Partner,
- welche Gefühle er während der Gruppensitzung Ihnen und der Gruppe gegenüber hatte
- wie er sein eigenes Verhalten während der Gruppensitzung wahrgenommen hat
- ob er der Meinung ist, dass er mit seinem Verhalten der Gruppe seine wirklichen Gefühle deutlich machen konnte.

Oft wagt man während eines Gesprächs nicht, seine wahren Gefühle auszudrücken. Man will vielleicht den Gesprächsverlauf nicht stören, oder man wird sich seiner wahren Gefühle im Eifer des Gefechts gar nicht erst bewusst. Ein Gruppenmitglied fühlt sich z. B. von einem anderen übergangen und ist ärgerlich darüber (emotionale Ebene). Es drückt seinen Ärger aber nicht deutlich aus, sondern greift ständig Vorschläge und Ideen des anderen an (sachliche Ebene).

Im Interview können Sie mit unseren Fragen Ihrem Gesprächspartner helfen, sich selbst noch einmal darüber klar zu werden, ob Denken, Fühlen und Handeln bei ihm eine Einheit gebildet haben.

Geben Sie Ihrem Partner anschließend Feedback, um seinen »blinden Fleck« aufzuhellen:

Sagen Sie Ihrem Partner,

- wie Sie sein Verhalten gesehen haben
- welche Gefühle Ihrer Ansicht nach hinter diesem Verhalten steckten
- und welche Gefühle das Verhalten Ihres Partners bei Ihnen ausgelöst hat.

Anschließend werden die gleichen Fragen mit vertauschten Rollen gestellt. (Für die Rückmeldungen an den Partner machen Sie sich bitte mit den Feedback-Regeln ab Seite 131 ff vertraut!)

Sie erreichen durch diese Übung, dass Sie und Ihr Partner offener füreinander werden und die Standpunkte des anderen besser erkennen und auch verstehen können.

Gegensätzliche Standpunkte resultieren oft nicht daraus, dass einer der beiden Kontrahenten die Lage »falsch« einschätzt, sondern dass der objektive Tatbestand von beiden lediglich aus einer unterschiedlichen Problemsicht heraus verstanden wird: Der eine sagt beispielsweise: »Ich finde es gut, dass unser Vorgesetzter uns so klare Anweisungen gibt. Unsere Arbeit wird dadurch viel reibungsloser!«, sein Kollege dagegen meint: »Unser Vorgesetzter ist ein Diktator!« – und beide sind aufgrund derselben Verhaltensweisen zu ihren Schlüssen gekommen.

Das Ziel des Paar-Interviews ist es, Probleme auch aus der Sicht von anderen zu sehen und dadurch für andere Auffassungen empfänglicher zu werden, indem wir unserem Gesprächspartner Gelegenheit geben, zu unserem Feedback Stellung zu nehmen.

Spiel Masken verteilen

Wir sehen andere Menschen durch unsere subjektiv gefärbte Brille. Durch diese Brille erscheint uns Herr Meyer als lustiger Spaßvogel, während die Brille unseres Nachbarn ihn als albernen Wirrkopf wahrnimmt. Herr Meyer selbst hingegen hält sich vielleicht gar für zynisch. Keine dieser Sichtweisen kann für sich beanspruchen, die richtige zu sein. Aber ein Körnchen Wahrheit findet sich in jeder. Das folgende Spiel soll den Mitgliedern einer Gruppe nicht nur helfen, sich selbst im Spiegel der anderen besser zu erkennen, sondern auch den Blick dafür schärfen, wie unterschiedlich sich doch die einzelnen Gruppenmitglieder wahrnehmen.

DIE AUFGABE FÜR DIE GRUPPE:

Jeder zeichnet zunächst für sich allein, ohne die anderen in seine Zeichnung Einblick nehmen zu lassen, seine eigene Maske. Die Maske soll möglichst genau ausdrücken, wie sich das Gruppenmitglied hier und jetzt fühlt, in diesem Augenblick, in dieser Situation. Es kommt nicht darauf an, dass gut, sondern dass ehrlich gezeichnet wird.

Anschließend sucht sich jeder zwei oder drei beliebige andere Gruppenmitglieder aus, deren Masken er zeichnen möchte. Die Maske soll wieder möglichst deutlich ausdrücken, wie diese Gruppenmitglieder von dem Zeichner gesehen werden.

Die Gruppenmitglieder setzen sich anschließend in einem Kreis zusammen. Der Reihe nach zeigt nun jedes Gruppenmitglied den anderen seine Maske und erklärt ihre Bedeutung. Diejenigen, die auch eine Maske dieses Gruppenmitglieds gezeichnet haben, nehmen dann dazu Stellung und begründen eventuell, warum sie den Zeichner anders gesehen haben. Eine allgemeine Diskussion soll aber erst dann stattfinden, wenn alle Gruppenmitglieder ihre Masken erklärt haben.

Dieses Spiel macht einmal deutlich, dass unser eigenes Bild von uns meist nicht das der anderen ist. Wir haben Gelegenheit, unser Selbst-

bild zu korrigieren und eventuell auch zu verteidigen, wenn wir das
Gefühl haben, dass die Wahrnehmungen der anderen nicht richtig
sind.

Wir können dieses Spiel übrigens noch in einer anderen Richtung
auswerten:

- Wer wurde von den anderen Gruppenmitgliedern am häufigsten,
  wer am wenigsten gezeichnet?
- Was war der Grund für diese häufige bzw. seltene Wahl?
- Wer in der Gruppe wurde von den Gruppenmitgliedern am
  unterschiedlichsten wahrgenommen und warum?
- Sagt die Art, wie jemand einen anderen zeichnet, auch etwas über
  seine Beziehung zu dem anderen aus?

Während die erste Frage der Gruppendiskussion helfen soll, die
»blinden Flecke« der einzelnen Gruppenmitglieder zu verkleinern,
also dem individuellen Feedback dient, klären die letzten Fragen die
Beziehungen innerhalb der ganzen Gruppe, sind also eine Art Feedback über die Gruppenstruktur.

Spiel Berufswahl

Dieses Spiel ist eine Abwandlung von »Masken verteilen«. Die Gruppe sollte nicht mehr als sechs Mitglieder haben. Ist die Gruppe größer, muss sie sich entsprechend in Untergruppen aufteilen.

AUFGABE:

Die Gruppe muss jedem einzelnen Gruppenmitglied einen neuen Beruf zuteilen. (Anstelle der Berufe können auch Tiere, Karnevalskostüme oder historische Figuren gewählt werden.)

Jedes Gruppenmitglied wählt zunächst für sich einen bestimmten Beruf, von dem es glaubt, dass dieser am ehesten über sein Wesen etwas aussagt.

Der gewählte Beruf darf den anderen vorerst nicht mitgeteilt werden. Dann ordnet jeder auch den anderen aus der Gruppe einen bestimmten Beruf, der für ihn typisch wäre, zu. Anschließend muss sich die Gruppe auf einen Beruf für jedes Gruppenmitglied einigen. Der Reihe nach wird über jedes Gruppenmitglied verhandelt. Jeder hat dabei das Recht, die Wahl der anderen abzulehnen, muss diese Ablehnung aber begründen!

Dieses Spiel gibt Aufschluss über die Differenz von Selbst- und Fremdbildern. Man kann erkennen, ob eigenes Gefühl und von den anderen beobachtetes Verhalten bei den einzelnen Gruppenmitgliedern übereinstimmen.

Regeln für richtiges Feedback

Zunächst zehn Regeln für das Geben von Feedback:

1. Prüfen Sie die Bereitschaft des Empfängers!

Einem anderen Feedback geben heißt, ihm gegenüber offen sein. Prüfen Sie daher das Maß und den Zeitpunkt Ihrer Offenheit! Lassen Sie dem anderen Zeit, sich an Ihr Feedback zu gewöhnen! Ungewohnte Offenheit kann auch zunächst schockierend sein und die Bereitschaft des anderen, Ihnen zuzuhören, blockieren. Gehen Sie also langsam vor!

2. Prüfen Sie die Angemessenheit Ihres Feedbacks!

Prüfen Sie, ob Ihr Feedback wirklich hilfreich für den anderen und ob es dem Gesprächsverlauf angemessen ist! Denken Sie also vorher darüber nach, ob Sie vielleicht nur Ihre eigenen Aggressionen loswerden wollen! Ist Ihr Feedback brauchbar, kann der Empfänger des Feedbacks sein Verhalten daraufhin ändern? Ist die Information, die Sie ihm geben, wichtig für ihn und die besprochene Sache?

3. Prüfen Sie den Zeitpunkt Ihres Feedbacks!

Seien Sie spontan in Ihren Informationen! Lassen Sie Ihren Ärger nicht gären! Sie helfen Ihrem Gesprächspartner am besten, wenn Sie sich nicht auf früheres Verhalten, sondern auf das Hier und Jetzt beziehen!

4. Prüfen Sie das Mass Ihres Feedbacks!

Beziehen Sie sich nur auf das aktuelle Verhalten Ihres Gesprächspartners! Es ist zwar schön, einmal »Dampf abzulassen«. Mit einer umfassenden Charakteranalyse kann der andere aber wenig anfangen. Denken Sie daran, dass die Aufnahmefähigkeit des Menschen für neue Informationen begrenzt ist.

5. Prüfen Sie, ob Ihr Feedback von dem Empfänger erbeten wird!

Denken Sie daran, dass jeder Mensch Wahrnehmungsschranken hat! Er kann nur einen Teil der Informationen aus seiner Umwelt aufnehmen, und das auch nur, wenn er dafür offen ist. Prüfen Sie, ob Ihr Gesprächspartner wirklich an Ihren Informationen interessiert ist. Am besten ist es, wenn der Empfänger das Feedback selbst erbittet. Wenn er z. B. fragt: »Sehe ich das jetzt falsch?« oder »Ich bin mir nicht sicher, ob ...«, zeigt uns dies, dass er unsicher und offen für unsere Informationen ist.

6. Seien Sie konkret in Ihrem Feedback!

Sagen Sie nicht allgemein: »Sie sind dominant/arrogant, Sie machen Ausflüchte.« In etwa bedeutet das nämlich: »Dominant, arrogant, Ausflüchte machen – das ist Ihre Persönlichkeit!« Sagen Sie also konkret, was Sie hier und jetzt an Ihrem Gesprächspartner wahrnehmen: »Jetzt haben Sie mich unterbrochen.« – »Sie lächeln in diesem Moment sehr ironisch.« – »Es kann sein, dass Sie meine Frage falsch verstanden haben.«.

7. Seien Sie beschreibend in Ihrem Feedback!

»Sie haben ja Komplexe!« – »Sie wollen nur Ihre Weste reinwaschen!« – mit solchen Aussagen interpretieren Sie das Verhalten Ihres Gesprächspartners. Sinn Ihrer Information ist es aber nicht, psychologische Hypothesen über andere Menschen zu liefern. Sie sind kein Psychiater! Interpretationen wirken meist überheblich und erzeugen entsprechende Abwehrreaktionen. Beziehen Sie sich in Ihren Informationen immer nur auf das Ihnen sichtbare Verhalten.

8. Klären Sie die Motive für Ihr Feedback!

Denken Sie daran, dass hinter Ihren Informationen auch eigene Bedürfnisse und Wünsche liegen! Geben Sie also auch bekannt, welche Gefühle das Verhalten Ihrer Gesprächspartner in Ihnen auslöst und warum Sie jetzt Feedback liefern! Missbrauchen Sie nicht diese Regeln, um ein Besserwisser oder Richter über andere zu werden! Helfen Sie also nicht nur anderen, sondern auch sich selbst, indem

Sie sich über Ihre eigenen Gefühle, die hinter Ihren Informationen liegen, klar werden: Was empfinde ich dabei? – Warum sage ich dies jetzt? – Was will ich eigentlich erreichen?

9. Prüfen Sie, ob Ihr Feedback richtig ankommt!

Signale werden nie ohne Störungen übermittelt. Ihr Gesprächspartner kann Sie auch falsch verstanden haben. Prüfen Sie daher beim Geben von Feedback auch die Reaktion des Empfängers. Lassen Sie ihn in seinen eigenen Worten wiederholen, was Sie gesagt haben, und berichtigen Sie es, wenn Sie das Gefühl haben, falsch verstanden worden zu sein.

10. Prüfen Sie Ihre eigene Urteilsfähigkeit!

Fragen Sie sich zuerst, ob Ihre eigene Gefühlslage es Ihnen im Augenblick vielleicht erschwert, den anderen richtig wahrzunehmen. Vielleicht sind Sie »blind vor Wut«? Hat es der andere auch so erlebt oder gesehen? Diese Frage bewahrt Sie davor, den anderen nur mit Scheuklappen zu sehen.

Regeln für das Empfangen von Feedback

1. Bitten Sie die anderen möglichst oft um Feedback!

Richtiges Geben und Empfangen von Feedback ist für die meisten Menschen ungewohnt. Man verlässt sich auf seine Überzeugungen und Vorurteile, ohne sie auszusprechen. Sie können also durch Ihr eigenes Verhalten andere dazu »erziehen«, besser miteinander umzugehen, wenn Sie durch Ihr Beispiel zeigen, wie man es besser machen kann. Denken Sie auch daran, dass andere Sie anders sehen als Sie sich selbst. Ihre Grundeinstellung sollte sein: Meine eigene Wahrnehmungsfähigkeit ist begrenzt, und andere Menschen können mir deshalb helfen, mich und andere objektiver zu sehen.

2. Sagen Sie konkret, welche Informationen Sie haben wollen!

Sagen Sie also nicht allgemein: »Wie wirke ich auf Sie?«, sondern: »Fühlen Sie sich durch meinen Gesprächsbeitrag jetzt überfahren?«

3. Vermeiden Sie, zu argumentieren oder sich zu verteidigen!

Auch der Angriff eines anderen ist eine Art Feedback: Es kann z. B. die Information sein, dass er sich über ein bestimmtes Verhalten von Ihnen ärgert. Gehen Sie also nicht sofort zum Gegenangriff über, sondern fragen Sie nach. Erklären Sie ihm die zehn Feedback-Regeln, damit er Ihnen besser sagen kann, was er meint.

4. Überprüfen Sie die Bedeutung von Informationen!

Fragen Sie sich, was der andere mit seiner Information über Sie eigentlich ausdrücken wollte. Was meint er wirklich, wenn er sagt: »Sie sind unhöflich!« Bitten Sie ihn, er möge Ihr Verhalten konkret beschreiben. Wiederholen Sie das Feedback möglichst mit eigenen Worten.

5. Teilen Sie Ihre Reaktionen mit!

Die anderen werden zunächst Hemmungen haben, Ihnen offen zu sagen, was sie über Sie denken. Meistens wirkt eine offene Aussprache zwar für alle Beteiligten befreiend, aber diese Erfahrung muss erst einmal gemacht werden. Sie tragen zu dieser Befreiung bei, wenn Sie anderen sofort sagen, wie Sie eine Äußerung über sich aufgenommen haben, egal, ob Sie sich darüber ärgern oder ob Sie sich freuen. Auf jeden Fall wissen die anderen jetzt, wie es »in Ihnen aussieht«.

Können Sie überzeugen?

Ob es nun die Geburtstagsfeier des Chefs, das Vereinsjubiläum oder eine wichtige Verhandlung ist – wir alle sind irgendwann einmal gezwungen, als Redner öffentlich unsere Stimme zu erheben. Die notwendige Sicherheit hierfür gewinnen wir natürlich nur durch entsprechende Übung. Aber irgendwann ist immer »das erste Mal«. Und je wichtiger es dann für uns ist, dass wir eine Sache überzeugend vertreten müssen, desto sorgfältiger sollten wir darauf achten, dass wir schon vorher unsere rhetorischen Waffen geschmiedet haben.

Versuchen Sie also nicht nur, »die Sache möglichst ehrenvoll hinter sich zu bringen«, weil Sie »ja doch ein schlechter Redner sind und es immer bleiben werden«, sondern rüsten Sie sich für den Ernstfall. Warten Sie nicht ab, bis Ihnen die Mienen Ihrer Zuhörer Feedback darüber geben, wie gut Sie mit Ihrer Rhetorik Menschen fesseln können.

Sie finden auf der nächsten Seite die Leichenrede des Marc Anton aus Shakespeares Drama »Julius Cäsar«. Sie ist ein Musterbeispiel für einen hervorragend aufgebauten Vortrag. Beachten Sie, wie ruhig diese Rede anfängt, sich dann immer mehr steigert, bis sie schließlich ihren spannungsgeladenen Höhepunkt erreicht.

Übung Unsere Aufgabe für Sie:
Sprechen Sie die Rede zunächst auf Band. Sie werden feststellen, dass Sie in den verschiedenen Redeabschnitten unter einer Fülle verschiedener Ausdrucksmöglichkeiten wählen können. Wählen Sie zunächst für jeden der vier Abschnitte nur eine Möglichkeit. Versuchen Sie, diesen Ausdruck so treffend wie möglich wiederzugeben.

Spielen Sie dann die Rede Ihren Freunden vor. Lassen Sie Ihre Freunde für jeden Redeabschnitt ankreuzen, welchen Ausdruck Sie am ehesten getroffen haben, ohne ihnen natürlich zu verraten, welche Möglichkeit Sie in Wirklichkeit gewählt haben. Sie bekommen damit ein Feedback, wie Ihre Stimme tatsächlich auf andere Menschen wirkt.

LEICHENREDE DES MARC ANTON

1. _____

gelassen _____

freundlich _____

nachdenklich _____

_____

> *Mitbürger! Freunde! Römer, hört mich an:*
> *Begraben will ich Cäsarn, nicht ihn preisen.*
> *Was Menschen Übles tun, das überlebt sie,*
> *Das Gute wird mit ihnen oft begraben.*

2. _____

mahnend _____

düster _____

traurig _____

_____

> *So sei es auch mit Cäsarn! Der edle Brutus*
> *Hat euch gesagt, dass er voll Herrschsucht war;*
> *Und war er das, so war's ein schwer Vergehen,*
> *Und schwer hat Cäsar auch dafür gebüßt.*
> *Hier, mit des Brutus Willen und der andern*
> *(Denn Brutus ist ein ehrenwerter Mann,*
> *Das sind sie alle, alle ehrenwert)*
> *Komm ich, bei Cäsars Leichenzug zu reden.*

3.

eindringlich

gefühlvoll

fragend

> *Er war mein Freund, war mir gerecht und treu:*
> *Doch Brutus sagt, dass er voll Herrschsucht war,*
> *Und Brutus ist ein ehrenwerter Mann.*
> *Er brachte viel Gefang'ne heim nach Rom,*
> *Wofür das Lösegeld den Schatz gefüllt.*
> *Sah das der Herrschsucht wohl am Cäsar gleich?*
> *Wenn Arme zu ihm schrien, so weinte Cäsar:*
> *Die Herrschsucht sollt' aus härterm Stoff bestehn.*
> *Doch Brutus sagt, dass er voll Herrschsucht war,*
> *Und Brutus ist ein ehrenwerter Mann.*
> *Ihr alle saht, wie am Lupercus-Fest*
> *Ich dreimal ihm die Königskrone bot,*
> *Die dreimal er geweigert. War das Herrschsucht?*
> *Doch Brutus sagt, dass er voll Herrschsucht war,*
> *Und ist gewiss ein ehrenwerter Mann.*
> *Ich will, was Brutus sprach, nicht widerlegen,*
> *Ich spreche hier von dem nur, was ich weiß.*

4.
_____

drohend
_____

wütend
_____

auffordernd
_____

_____

Ihr liebtet all' ihn einst nicht ohne Grund:
Was für ein Grund wehrt euch, um ihn zu trauern?
O Urteil, du entflohst zum blöden Vieh,
Der Mensch ward unvernünftig! – Habt Geduld!
Mein Herz ist in dem Sarge hier beim Cäsar,
Und ich muss schweigen, bis es mir zurückkommt.

Wenn Sie sich Ihrer stimmlichen Ausdrucksfähigkeit genügend sicher geworden sind, tragen Sie die Rede Ihren Freunden vor. Sie können dabei ruhig vom Blatt ablesen, wenn Sie darauf achten, dass Sie erst lesen, dann vom Blatt aufschauen und vortragen.

Versuchen Sie jetzt, nicht nur auf Ihre Stimme zu achten, sondern auch in Ihr Mienenspiel und Ihre Haltung einen bestimmten Ausdruck hineinzulegen. Benutzen Sie zur Beurteilung unsere Feedback-Skala auf Seite 139.

Insgesamt können Sie für Ihren Vortrag 80 Punkte bekommen. Schätzen Sie jetzt die Punktzahl, die Sie für Ihren Vortrag erhalten werden. Sie haben inzwischen sicher gelernt, sich selbst realistisch einzuschätzen.

LITERATUR ZU DIESEM KAPITEL
L. Bradford, Gruppen-Training
K. Antons, Praxis der Gruppendynamik

FEEDBACK-SKALA FÜR VORTRÄGE

(–)   1   2   3   4   5   6   7   (+)

STIMME

undeutlich ⬚⬚⬚⬚⬚⬚⬚ deutlich

MODULATION

monoton ⬚⬚⬚⬚⬚⬚⬚ variabel

TEMPO

zu schnell/langsam ⬚⬚⬚⬚⬚⬚⬚ angemessen

PAUSEN

zu viel/wenig ⬚⬚⬚⬚⬚⬚⬚ genau richtig

MIENENSPIEL

teilnahmslos ⬚⬚⬚⬚⬚⬚⬚ eindrucksvoll

AUGENKONTAKT ZUM ZUHÖRER

sehr wenig ⬚⬚⬚⬚⬚⬚⬚ sehr viel

GESTEN, HALTUNG

steif, gehemmt ⬚⬚⬚⬚⬚⬚⬚ frei, ungezwungen

PERSÖNLICHER AUSDRUCK

farblos ⬚⬚⬚⬚⬚⬚⬚ lebhaft

Gesamtpunktzahl:

geschätzt: _____

erhalten: _____

10 Macht und Liebe

Ein Kind »kocht« vor Empörung, wenn es zu etwas gezwungen wird, was es nicht einsehen kann. Es stampft zornig mit den Füßen, wenn es von der Mutter ins Bett geschickt wird, obwohl es noch gerne spielen möchte. Es weint hemmungslos, wenn das Lieblingsspielzeug zerbrochen ist und der Vater erklärt, dass man es nicht mehr reparieren kann. Wenn seine Bedürfnisse nicht befriedigt werden – nach Liebe, nach Nahrung, nach Spielzeug –, kann es seinen Gefühlen noch ungehemmt Ausdruck geben.

Diese Fähigkeit haben wir als Erwachsene weitgehend verlernt. Schon früh hat man uns beigebracht: »Ein Junge weint doch nicht!« oder »Man muss sich beherrschen können!« Die ständige Forderung, »sich zu beherrschen«, führt dazu, dass wir nicht nur unsere eigenen Emotionen unterdrücken, sondern sie oft gar nicht mehr erkennen oder einfach nicht akzeptieren.

Die meisten Menschen »helfen« uns noch dabei, unsere Gefühle zu verneinen oder zu ignorieren, indem sie uns diese ausreden: »Kopf hoch!« – »Lass dich nicht unterkriegen!« – »Beruhige dich!« – »Warum bist du so böse?« – »Sei doch vernünftig!« – »Sei nicht so sentimental!« – »Bleib doch sachlich!«

Unterdrückte Gefühle nehmen falsche Wege!

Wir können zwar unsere Gefühle verneinen oder unterdrücken, aber »abschalten« können wir sie nicht. Sie machen sich dann meist in verschleierter Form Luft. Unterdrückte Aggressionen können sich z. B. durch ironische Bemerkungen äußern. Zuneigung verwandelt sich in Neckerei, um ja nicht »sentimental« zu erscheinen. Gefühle, die sozial unerwünscht und damit »geächtet« sind, werden oft völlig verdrängt und äußern sich dann in unbewussten körperlichen Reaktionen. Unterdrückter Ärger führt unter Umständen zu chronischen Magenbeschwerden. Furcht und Unbehagen, z. B. bei schwierigen Aufgaben und Situationen, äußern sich in Kopfschmerzen oder plötzlicher Müdigkeit. Solche Reaktionen sind aber nur Ersatzhandlungen. Die Gefühle werden nicht ausgelebt, sondern nur verschoben und beschäftigen das Unterbewusstsein oft in negativer Weise weiter. Auch die Wissenschaft hat dies erkannt. Die Psychosomatik – die Lehre von den psychischen Ursachen körperlicher Krankheiten – ist heute ein wichtiger Zweig der Medizin.

Wir können also nur wirksam mit unseren Gefühlen umgehen, wenn wir auch negative Gefühle nicht einfach verneinen (»nicht, dass ich neidisch wäre, aber ...!«), sondern bei uns und anderen akzeptieren. Ich schaffe Gefühle nicht dadurch aus der Welt, dass ich sie einfach ignoriere oder »wegdiskutiere«, da »nicht sein kann, was nicht sein darf«!

Zwei grundlegende Emotionen, die in unserem Zusammenleben mit anderen wirksam werden, sind die Bedürfnisse nach Liebe und Anerkennung auf der einen sowie der Wunsch nach Macht und Einfluss auf der anderen Seite. Beide Gefühle sind in uns gleich stark wirksam, aber eigentlich gegensätzlicher Natur. Der Versuch, beide Gefühle gleichzeitig zu befriedigen, stürzt uns also in Konflikte:

Der Beliebte ist in Gruppen meist nicht der Mächtige, und der Mächtige ist nicht beliebt.

Häufig wird versucht, diesen Konflikt dadurch zu lösen, dass die eine oder sogar beide Gefühlsrichtungen unterdrückt werden. Nach der Art dieser Unterdrückung können wir in der Gruppe die folgenden drei Typen unterscheiden:

DER MACHTORIENTIERTE TYP

Sein oberstes Ziel ist die Überlegenheit in der Gruppe. Auch die anderen Gruppenmitglieder beurteilt er hauptsächlich aufgrund ihres Einflusses und ihrer Macht in der Gruppe: Wer hat Recht? Wer wird sich durchsetzen? Wer hat die meisten Anhänger? Er versucht, die anderen durch Dominanz, Einschüchterung, Befehle und Kontrollen zu beeinflussen.

DER ZUWENDUNGSORIENTIERTE TYP

Sein oberstes Ziel ist es, von der Gruppe akzeptiert zu werden. Andere Menschen stuft er nach dem Grad ihrer menschlichen Wärme ein: Wer ist am nettesten zu mir? Zu wem kann ich selbst freundlich sein? Wen kann ich zum Freund gewinnen? Seine Methoden der Einflussnahme sind Lob, Freundschaft, kleine Geschenke und allgemeine »Nettigkeit«.

DER RATIONAL ORIENTIERTE TYP

Diesem Typ sind weitgehend alle Arten von Emotionen unangenehm. Sein oberstes Ziel heißt Korrektheit. Andere Menschen beurteilt er vorwiegend nach ihren intellektuellen Fähigkeiten. Entsprechend versucht er, sich mit logischen Argumenten, sachlicher Kritik und scharfem Verstand durchzusetzen.

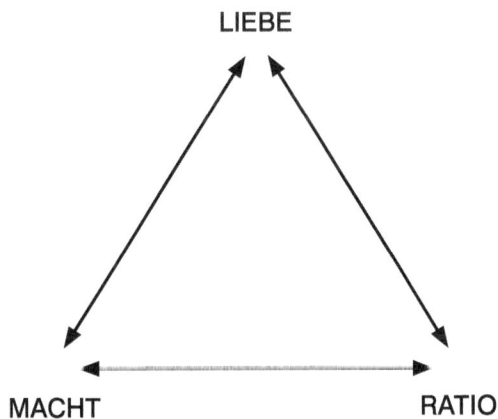

LIEBE

MACHT   RATIO

Ideal wäre es, wenn die Bedürfnisse nach Liebe und Macht eine Koexistenz führen, das heißt beide nebeneinander akzeptiert werden.

Wir sprechen von »emotionaler Kompetenz« eines Menschen, wenn dieser nicht einen oder beide Bereiche seines Gefühlslebens unterdrückt, sondern beide Gefühlsbereiche in ausgeglichener Form als gegeben akzeptiert und befriedigt.

Dies kann natürlich nicht immer gleichzeitig geschehen. Wenn wir uns selbst beobachten, werden wir erkennen, dass wir dazu neigen, in manchen Gruppen mehr unsere Bedürfnisse nach Liebe, in anderen dagegen mehr die nach Macht zu befriedigen. Manchmal versuchen wir sogar, beide Pole zu unterdrücken.

Übung Überlegen Sie jetzt einmal, wie Sie gefühlsmäßig meistens

- in Ihrer Familie
- in Ihrer Arbeitsgruppe
- im Kreis von Freunden
- bei einer Diskussion

reagieren, und zeichnen Sie an die entsprechende Stelle unseres Gefühlsdreiecks (Seite 143) einen Kreis!

Zeichnen Sie den Kreis in die Mitte des Dreiecks, wenn Sie der Meinung sind, in einer Gruppe eine ausgeglichene Balance zwischen Ihren Gefühlen hergestellt zu haben.

Nicht nur Gruppenmitglieder, auch eine ganze Gruppe können wir danach beurteilen, in welchem Maß sie sich um Gefühle kümmert, das heißt Gefühle der einzelnen Gruppenmitglieder akzeptiert und darüber spricht. Die Art, wie diese Gefühle behandelt werden, können erfahrene Gruppenleiter sogar als eine Art Barometer benutzen, um den Grad der Integration einer Gruppe festzustellen.

Ein Gruppenforscher hat einmal eine neu zusammengekommene Gruppe mit einer Ansammlung von Leuten verglichen, die einander fremd sind und in einen völlig verdunkelten Raum eintreten. Sie tappen herum, einige machen vorsichtige Schritte, andere kriechen auf dem Boden, dem einzig sicheren Halt. Ängstlich sind alle bemüht, um keinen Preis aneinanderzustoßen, und strecken die Hände abwehrend und verteidigungsbereit von sich.

Dieses Bild beschreibt sehr gut die Art, in der erfahrungsgemäß fremde Menschen zunächst versuchen, miteinander Kontakt aufzunehmen. Der Gefühlssektor wird möglichst ausgeschaltet, und damit wird anfangs eine offene und freie Kommunikation unter den Gruppenmitgliedern unmöglich gemacht.

Zur Beschreibung der Gruppenentwicklung kann man nun gut die beiden in der Abbildung erwähnten Pole »Macht« und »Liebe« verwenden. Zwei Ungewissheitszonen sind es im Wesentlichen, die von der Gruppe im Verlauf ihrer Entwicklung überwunden werden müssen:

Die erste ist die Zone der Haltung der Gruppenmitglieder gegenüber dem Gebrauch und der Verteilung von Macht in der Gruppe (Autorität).

Die zweite ist die Zone der gegenseitigen Haltungen der Mitglieder zueinander (Intimität).

Die Hauptprobleme, die die Gruppe zunächst lösen muss, liegen in den Haltungen zu Autorität und Intimität der einzelnen Gruppenmitglieder. Opposition, Abhängigkeit, Rückzug oder Konkurrenz sind zunächst typische Reaktionen der Gruppenmitglieder auf Führungsansprüche und verhindern eine echte gegenseitige Hilfe.

Wo liegt das Gleichgewicht zwischen Autorität und Intimität?

Die Fragen der Autorität und Intimität werden zunächst von den einzelnen Gruppenmitgliedern ganz unterschiedlich gelöst. Das charakteristische Verhalten eines Mitglieds in Bezug auf einen Führer oder die Organisationsstruktur einer Gruppe bezeichnet man als »Dependenzverhalten«. Mitglieder, die Verfahrensfragen (Tagesordnung) oder den Gruppenleiter sofort in allen Fragen akzeptieren, bezeichnet man als »abhängig« (dependent). Mitglieder, die sich zu Autoritäten oder Autoritätsstrukturen grundsätzlich ablehnend verhalten, bezeichnet man als »gegenabhängig« (kontradependent). Der personale Aspekt bezieht sich hingegen auf die charakteristischen Verhaltensweisen der Gruppenmitglieder in Bezug auf die gegenseitige Intimität. Mitglieder, die nicht ruhen, ehe sie nicht einen relativ hohen Grad an Vertrautheit zu allen anderen Gruppenmitgliedern erreicht haben, bezeichnet man als »überpersonal«. Gruppenmitglieder, die ängstlich versuchen, jede Intimität mit anderen zu verhindern, bezeichnet man als »kontrapersonal«.

Das unterschiedliche Ausmaß solcher Verhaltensweisen kennzeichnet nun die unterschiedlichen Phasen der Gruppenentwicklung. In neuen Gruppen ist das Hauptthema die Verteilung der Macht. Einige Mitglieder versuchen zu dominieren, indem sie ihre eigenen Ziele ohne Rücksicht auf die anderen verfolgen (Kampfverhalten). Andere lösen das Problem der Dependenz/Kontradependenz, indem sie schweigen, resignieren oder sich zurückziehen (Fluchtverhalten). Konflikte werden zunächst ängstlich vermieden oder dem Gruppenleiter zur Lösung hingeschoben.

Machtverteilung – die Hauptfrage in neuen Gruppen!

In der Phase der Kontradependenz löst sich die Gruppe allmählich von ihrer Abhängigkeit vom Leiter, Opposition wird geäußert, Paare oder Cliquen schließen sich zusammen. Allmählich beschäftigt aber das Problem der gegenseitigen Zu- und Abneigung die Gruppenmitglieder. Langsam wird das gegenseitige Misstrauen abgebaut. Der Unterschied zur Anfangsphase wird besonders dadurch deutlich, dass die Gruppenmitglieder jetzt viel eher bereit sind, aufeinander zu hören, unterschiedliche Zielvorstellungen zu akzeptieren und sich bei Problemen gegenseitig zu helfen.

Die Phase, die eine Gruppe erreichen soll, um wirksam miteinander leben und arbeiten zu können, bezeichnen wir als die »Phase der Interdependenz«. Interdependenz bedeutet, dass die Gruppenmitglieder die Haltung einer völlig egoistischen Selbstständigkeit ebenso wie die völlige Abhängigkeit von einem Gruppenleiter oder von den anderen Gruppenmitgliedern aufgegeben haben. Jeder hat seine Rolle und seine Arbeit gefunden, bei der es ihm möglich ist, entsprechend seinen Wünschen und Fähigkeiten zu den Zielen der Gruppe beizutragen.

Interdependenz ist also keine völlige »Unabhängigkeit«. Es bedeutet, dass die Gruppenmitglieder gelernt haben, Abhängigkeit zu akzeptieren, wenn es wirklich notwendig ist – weil die Gruppenmitglieder erkannt haben, dass sie aufeinander angewiesen sind.

An der Art, wie eine Gruppe Konflikte bewältigt, lässt sich der Grad ihrer Integration erkennen. Mit unserem **Interdependenz-Barometer** können Sie messen, wie durch die Art der Konfliktlösung in einer Gruppe ihr Weg zur Interdependenz gekennzeichnet ist:

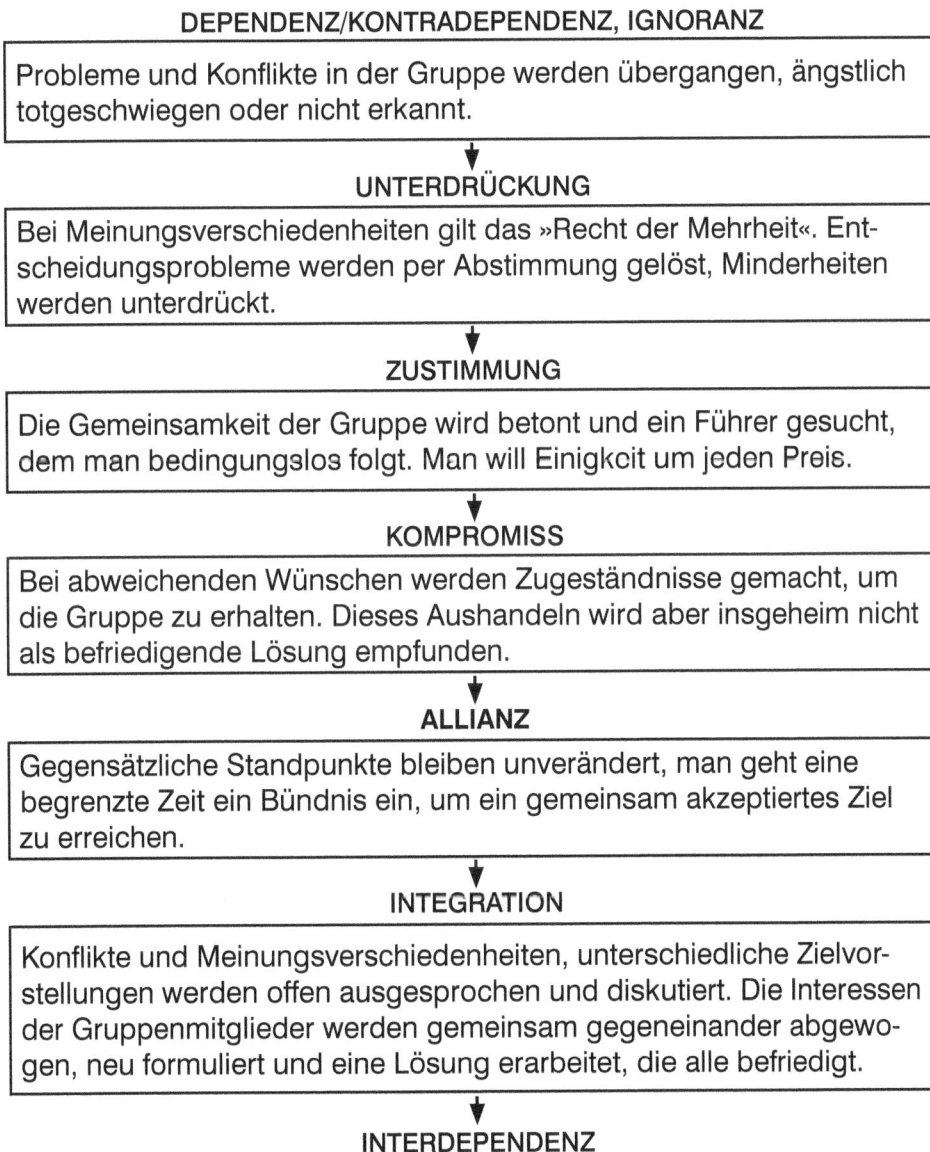

DEPENDENZ/KONTRADEPENDENZ, IGNORANZ

Probleme und Konflikte in der Gruppe werden übergangen, ängstlich totgeschwiegen oder nicht erkannt.

↓

UNTERDRÜCKUNG

Bei Meinungsverschiedenheiten gilt das »Recht der Mehrheit«. Entscheidungsprobleme werden per Abstimmung gelöst, Minderheiten werden unterdrückt.

↓

ZUSTIMMUNG

Die Gemeinsamkeit der Gruppe wird betont und ein Führer gesucht, dem man bedingungslos folgt. Man will Einigkeit um jeden Preis.

↓

KOMPROMISS

Bei abweichenden Wünschen werden Zugeständnisse gemacht, um die Gruppe zu erhalten. Dieses Aushandeln wird aber insgeheim nicht als befriedigende Lösung empfunden.

↓

ALLIANZ

Gegensätzliche Standpunkte bleiben unverändert, man geht eine begrenzte Zeit ein Bündnis ein, um ein gemeinsam akzeptiertes Ziel zu erreichen.

↓

INTEGRATION

Konflikte und Meinungsverschiedenheiten, unterschiedliche Zielvorstellungen werden offen ausgesprochen und diskutiert. Die Interessen der Gruppenmitglieder werden gemeinsam gegeneinander abgewogen, neu formuliert und eine Lösung erarbeitet, die alle befriedigt.

↓

INTERDEPENDENZ

Geben und Nehmen

Die Verteilung von Macht und Liebe ist ein wichtiges Problem in einer Gruppe, und entsprechend beschäftigen sich die Gruppenmitglieder – bewusst oder unbewusst – mit dieser Frage. Allmählich entsteht ein Beziehungsgeflecht von Zu- und Abneigungen, von Beeinflussung, Unterstützung oder Opposition. Dieses Beziehungsgeflecht bleibt nach einiger Zeit relativ stabil. Wir können dann etwa beobachten, dass zwei Gruppenmitglieder offenbar eine feste Sympathie-Allianz gegründet haben, während zwei andere sich ständig zu bekriegen scheinen.

Beziehungsstrukturen entdecken!

Die Struktur dieses Beziehungsgeflechts bleibt der Gruppe meist unbewusst. Wir sind es eben gewohnt, mehr darauf zu achten, **was** wir zueinander sagen, als darauf, **warum** wir es sagen (welche Emotionen dahinter stecken).

Da aber das **Was** wesentlich vom **Warum** beeinflusst wird, ist es sehr wichtig für eine Gruppe, das Beziehungsgeflecht, welches ihren Gesprächen und ihrem Arbeitsprozess zugrunde liegt, bewusst zu erkennen.

Spiel Unser nächstes Spiel ist geeignet, solche Beziehungen in der Gruppe deutlich zu machen.

Vor dem Spielen wollen wir noch einen Hinweis geben: Nehmen Sie dieses Spiel ernst! Wir haben schon gesagt, dass wir dazu neigen, starke Emotionen zu verdrängen oder abzuleugnen. Und gerade weil die Bedürfnisse nach Macht und Liebe grundlegende menschliche Emotionen sind, werden die Spieler vielleicht den Versuch machen zu demonstrieren, wie bedeutungslos dieses Spiel doch eigentlich sei.

Lassen Sie sich nicht beirren – ironische Bemerkungen oder der Versuch, dem Spiel eine scherzhafte Wendung zu geben, können Sie ruhig als den Versuch deuten, vor der Erkenntnis der eigenen Emotionen zu flüchten.

Lassen Sie sich also nicht davon abbringen, auf die konsequente Einhaltung der Spielregeln zu achten!

Spielregeln

Der Spielleiter erklärt, dass im Anschluss an das Spiel darüber diskutiert werden soll, welche Gefühle die Spieler beim Geben, Nehmen oder Zurückweisen haben.

Jeder Spieler legt nun drei Münzen – einen Cent, eine 10-Cent-Münze und einen Euro – vor sich auf den Boden. Der Spielleiter erklärt das Dreieck **Liebe**, **Macht** und **Rationalität**. Die Spieler werden aufgefordert, zu entscheiden, welche Ecke des Dreiecks sie in dieser Gruppe am meisten und welche Ecke sie am wenigsten in ihrem konkreten Verhalten vertreten. Jeder Spieler ordnet nun symbolisch den Ecken seines Dreiecks je eine Münze entsprechend ihrem Wert zu. Die am häufigsten vertretene Verhaltensweise wird also durch den Euro symbolisiert usw.

Der Spielleiter fordert die Spieler auf, nacheinander der Gruppe die Gründe für die Verteilung ihrer Münzen mitzuteilen. Die Spieler und der Spielleiter setzen sich dazu in einen Kreis. Das Gruppenmitglied zur Linken des Spielleiters beginnt, und so wird im Uhrzeigersinn fortgefahren. Während dieser Runde sollen die einzelnen Gruppenmitglieder von den übrigen nur bei Verständnisfragen unterbrochen werden.

In der nächsten Spielrunde sollen die Gruppenmitglieder **schweigend** eine emotionale Bindung eingehen. Sie sollen dazu eine oder mehrere ihrer Münzen – als symbolische Teile ihres Selbst – einem anderen Gruppenmitglied übergeben. Dabei ist es jedem frei gestellt, wie viele Münzen oder an wen er sie übergibt. Er kann also auch keine Münzen verteilen oder alle Münzen demselben Gruppenmitglied übergeben.

Jedes Gruppenmitglied legt die Münzen, die es bekommt, vor sich auf den Boden.

In der nächsten Runde erklärt nun jedes Gruppenmitglied nacheinander, wie und warum es seine Münzen verteilt hat. Um die Bedeutung der emotionalen Bindung zu demonstrieren, soll der Spielleiter den Spieler auffordern, sich vor die Gruppenmitglieder zu setzen, an die es Münzen verteilt hat. Bei der Erklärung soll der Spieler das

betreffende Gruppenmitglied direkt ansprechen (»Ich gab dir ...,
weil ...«) und dabei versuchen, Augenkontakt zu halten.

Anschließend teilt das Gruppenmitglied, welches die meisten Münzen erhalten hat, seine Gefühle beim Empfangen der Münzen mit. Dann
folgt das Gruppenmitglied, welches die zweitgrößte Anzahl der Münzen
erhalten hat, usw. Zum Schluss teilen die Spieler ihre Gefühle mit, die
überhaupt keine Münzen bekommen haben.

Danach sollen alle Gruppenmitglieder noch einmal eine Minute
schweigend über das Gesagte nachdenken. Dann eröffnet der Spielleiter
die allgemeine Diskussion. Diese Diskussion ist ein wichtiger Teil des
Spiels und muss unbedingt durchgeführt werden!

Gruppennormen

Man hat festgestellt, dass verschiedene Beurteiler – beispielsweise Personalreferenten – oft einen ganz unterschiedlichen Eindruck von demselben Kandidaten haben.

Der Grund liegt natürlich einmal darin, dass der Beurteilende sich nicht völlig frei von Sympathien oder Antipathien machen kann. Überraschend aber ist, dass die beurteilten Personen sich den verschiedenen Interviewern gegenüber tatsächlich unterschiedlich verhalten. Deshalb ist es auch unsinnig, aus einem bestimmten Verhalten etwa auf die Charaktereigenschaften eines Menschen schließen zu wollen. Dem Professor in einer Prüfung würde es z. B. schwerfallen, sich seinen höflichen und aufmerksamen Examenskandidaten als Teilnehmer an einer militanten Demonstration vorzustellen. Das Verhalten eines Menschen hängt eben nicht nur von eigenen Motiven oder vom Verhalten der Umwelt ab, sondern auch von den eigenen Vorstellungen darüber, wie man sich in einer bestimmten Situation verhalten soll oder darf.

Etwas Ähnliches gilt auch für die Gruppe als Kollektiv. Wir haben gelernt, dass jeder unbewusste Bedürfnisse hat, die er – zumindest unbewusst – zu verbergen sucht. Jeder hat also ein unbewusstes Interesse daran, gewisse Dinge von sich fernzuhalten und sich ihrer nicht bewusst zu werden. Und auch in einer Gruppe gibt es gewisse Dinge, bei denen ein stillschweigendes Übereinkommen zu bestehen scheint, dass sie nicht angesprochen werden.

Im Verlaufe ihres Zusammenseins entwickeln Gruppen bestimmte Regeln darüber, was in dieser Gruppe erlaubt sein soll und was nicht.

Auch diese Regeln werden zumeist unbewusst gehandhabt. In einer Arbeitsgruppe im Betrieb herrscht z.B. das stillschweigende Einverständnis, nur rational zu argumentieren und nicht über persönliche Beziehungen zu sprechen. In einer Stammtischrunde hat man vielleicht im Laufe der Zeit gelernt, nicht über ein bestimmtes politisches Thema zu sprechen, weil sich dabei immer alle in die Haare gerieten.

Und in einer Familie ist es vielleicht ein Tabu, über die Freundschaft der Tochter zu einem farbigen Studenten zu sprechen.

Solche oder ähnliche Regeln werden von den meisten Mitgliedern einer Gruppe befolgt, ohne dass die Betreffenden jeweils klar darüber nachgedacht haben. Sind diese Regeln relativ stabil und dauerhaft, sprechen wir von »Gruppennormen«. Stillschweigende Gruppennormen können natürlich auch in Äußerlichkeiten bestehen. Noch vor nicht allzu langer Zeit war es z. B. in vornehmen hanseatischen Kontoren üblich, dass die Angestellten auch im Hochsommer Jacke oder Krawatte nicht ablegten. Hätte jemand gegen diese stillschweigende Übereinkunft verstoßen, wäre der Vorfall so sensationell wie das Auftauchen eines weißen Raben gewesen. Die Gruppe hat dann meist wirksame Verhaltensweisen bereit, um einen solchen Außenseiter zu ächten oder ihn schnell wieder an seine »Pflichten« zu erinnern.

Unbewusste Vorstellungen, was wir sollen und dürfen, bestimmen unser Verhalten.

Solche Sanktionen werden auch unbewusst angewendet, wenn ein Gruppenmitglied – vielleicht ebenso unbewusst – gegen die in der Gruppe geltenden Gesprächsnormen verstößt. Man überhört den Sprecher einfach oder ist schnell bemüht, ein anderes Thema zu finden ...

Normen haben also auf das Kommunikationsverhalten einer Gruppe einen erheblichen Einfluss. Wer zu wem was, wann und auf welche Weise sagt, ist nicht nur vom Inhalt des augenblicklichen Gesprächs abhängig, sondern wird wesentlich durch die in der Gruppe etablierten unbewussten Normen mitgeprägt:

»Hier darf ich über meine persönlichen Wünsche und Gefühle nicht sprechen! Hier ist es verboten, lustig zu sein! Hier darf dem Vorgesetzten nicht widersprochen werden!« – solche und ähnliche Vorstellungen über das, was ich in einer bestimmten Situation tun oder nicht tun darf, verhindern oft, dass Probleme offen angesprochen und gelöst werden können.

Test Auf welche Weise kommunizieren die Mitglieder Ihrer Gruppe miteinander? Welche Normen hindern, welche fördern ein offenes Gespräch und die Interdependenz der Gruppe?

Testen Sie Ihre Gruppe einmal mit dem folgenden **Prüfstand für Gruppennormen:**

Beziehungs-Normen

Wer spricht mit wem?
Wer sitzt bei wem?
Wer wird um Rat gefragt?
Wer macht die Vorschläge?
Wer gibt die Anordnungen?
Wer wird übergangen?
Wer wird gemieden?
Wer wird geschützt?
Wer spricht am meisten?
Wer spricht am wenigsten?

Kommunikations-Normen

Werden Aggressionen geäußert?
Welche Dinge werden übergangen (Tabus)?
Wie sachbezogen müssen Gesprächsbeiträge sein?

Bedürfnis-Normen

Werden Wünsche offen geäußert?
Werden Bedürfnisse nach Einfluss ausgesprochen?
Werden Bedürfnisse nach Zuneigung ausgesprochen?

Gefühls-Normen

Kann Freude ausgesprochen werden?
Wird gelacht?
Darf Langeweile und Frustration ausgedrückt werden?
Wird Zuneigung ausgesprochen?
Wird Abneigung ausgesprochen?

Sanktions-Normen

Welche Verhaltensweisen (verbal und nonverbal)
gibt es bei Verletzung der Gruppennormen?

Unbewusste Gruppennormen prägen das Verhalten einer Gruppe stark. Wenn eine Gruppe stillschweigend übereingekommen ist, wichtige Probleme, Bedürfnisse oder Gefühle nicht anzusprechen, wird die Gruppe niemals zu einer echten Integration kommen.

Die Fesseln eingeengter Kommunikation können Sie mit diesem Gruppenspiel lösen:

Spiel Lös die Fesseln!

Legen Sie der Gruppe den »Prüfstand für Gruppennormen« (Seite 153) vor, und erklären Sie ihn. Lassen Sie darüber diskutieren, welche Normen augenscheinlich in der Gruppe vorhanden sind und welche die Gruppenmitglieder als positiv oder negativ erleben.

Lassen Sie die Gruppenmitglieder darüber nachdenken, welche Normen sie selbst in der Gruppe bisher realisiert haben. Dann soll jedes Gruppenmitglied auf einem Zettel einen Wunsch aufschreiben, den es in dieser Gruppe hatte, aber aus Gründen der Gruppennorm bisher nicht zu realisieren wagte (»Ich möchte den langweiligen Heinz gern einmal anschreien, aber die Gruppennorm, Heinz mit Samthandschuhen anzufassen, hat dies bisher verhindert!«).

Jetzt fordern Sie die Gruppenmitglieder nacheinander auf, ihren Wunsch zu nennen und auch die Gruppennorm, die die Realisierung des Wunsches bisher verhindert hat. Dann soll das Gruppenmitglied versuchen, diesen Wunsch hier und jetzt in die Tat umzusetzen. Wenn andere Gruppenmitglieder dabei betroffen sind, müssen diese allerdings erst vorher um Zustimmung gebeten werden.

Falsch programmiert?

Vorstellungen darüber, wie ich mich in einer bestimmten Situation verhalten darf und soll, beeinflussen mein eigenes Verhalten und das der anderen Gruppenmitglieder. Diese Vorstellungen sind das Ergebnis früherer Erfahrungen in ähnlichen Situationen. Sie sind also auch dann schon vorhanden, wenn ich mit einer mir fremden Gruppe in Berührung komme.

Aufgrund früherer Erlebnisse weiß ich, dass in einem Sportverein meist ein anderer Ton herrscht als in einem Schachklub, und stelle mich entsprechend darauf ein. Eine neue Gruppe ist also von Anfang an kein »unbeschriebenes Blatt«. Die Gruppenmitglieder sind mehr oder weniger »vorprogrammiert«, und diese Programmierung beeinflusst die entstehenden Gruppennormen wesentlich.

Oft macht man aber auch die Erfahrung, dass man »falsch programmiert« war – oft genug genügt ein befreiendes Wort, und das Verhalten einer ganzen Gruppe wird mit einem Schlag offener und vertrauter. Falsche gegenseitige Vorstellungen über das erlaubte Verhalten haben zu falschen Normen geführt und die Gruppe behindert.

Ändern Sie Ihr Verhaltens-Programm!

Gleiches gilt auch für unsere Zweierbeziehungen.

Sind Sie sicher, dass Sie in Ihrem Umgang mit anderen immer richtig programmiert sind?

Übung Wir haben für Sie eine Liste von zwölf Verhaltensbereichen und eine Liste von zehn möglichen Bezugspersonen zusammengestellt. Gehen Sie die Liste der Bezugspersonen nacheinander durch (Sie können natürlich auch andere Bezugspersonen oder Bezugsgruppen hinzufügen). Prüfen Sie, ob Ihr Verhältnis zu diesen Personen in den genannten zwölf Bereichen so ist, wie Sie es sich wünschen.

Ermitteln Sie die Differenz zwischen gewünschtem und tatsächlichem Verhalten, und bewerten Sie diese Differenz mit einer Note (z. B. »1« für »sehr gut« und »5« für »ungenügend«). Addieren

Sie dann die einzelnen Noten. Erhalten Sie ein schlechtes Ergebnis, dann müssen Sie sich überlegen, welche Normen es bisher verhindert haben, dass Sie zu dem betreffenden Menschen keine befriedigende Beziehung haben. Sie müssen sich natürlich auch überlegen, ob Ihre Ansprüche und Erwartungen in den einzelnen Verhaltensbereichen realistisch sind.

Beispiel:
Sie möchten Ihrem Chef gegenüber bei berechtigten Anlässen offen Kritik äußern können, Ihr tatsächliches Verhalten ihm gegenüber ist jedoch in den meisten Situationen ausgesprochen freundlich.

Verhaltensbereiche

BEZUGSPERSON:

_____ NOTE

Offenheit	
Persönlicher Kontakt	
Gefühl	
Liebe	
Vertrauen	
Humor	
Aggression	
Diskussion	
Widerspruch	
Kritik	
Bewunderung	
Hilfsbereitschaft	

MÖGLICHE BEZUGSPERSONEN:
Sohn, Freundin, Vater, Chef, Freund, Kunde,
Eheberater, Postbote, Mitarbeiter, Nachbar

Sie empfinden diese Differenz zwischen gewünschtem und tatsächlichem Verhalten als wenig befriedigend und geben die Note »4«.

Sie haben dagegen das Gefühl, bei ihm immer so humorvoll sein zu dürfen, wie Sie wollen. Gewünschtes und tatsächliches Verhalten decken sich, Sie geben die Note »1«.

Neu zusammengetretene Gruppen sind in der Anfangsphase meist ängstlich besorgt, möglichst höflich und nett miteinander zu sein oder im Zweifelsfalle lieber zu schweigen. Die Gruppenmitglieder sind zunächst damit beschäftigt, Gefühle zu unterdrücken und mögliche Aggressionen zu verbergen. Die unbewusste Norm lautet: »Tust du mir nichts, dann tu ich dir auch nichts!«

Diese Art von gegenseitiger Erwartungshaltung führt dann auch dazu, dass die meisten Gruppen verhältnismäßig lange Zeit zur Integration benötigen.

Sie können diesen Prozess beschleunigen, wenn Sie dafür sorgen, dass gleich zu Anfang die unbewussten Normen der einzelnen Gruppenmitglieder (Was will ich hier? Was möchte ich gerne tun? Was darf ich hier tun?) offen gelegt werden. Sie können so unnötiges Misstrauen von vornherein vermeiden. Die gegenseitigen Ziele werden offener, und damit wächst das Verständnis für Verhaltensweisen, deren Gründe sonst unklar bleiben.

Neu zusammengestellte Schulklassen, Arbeitsteams, Volkshochschulkurse, Initiativgruppen und Wohngemeinschaften eignen sich für eine solche Verfahrensweise.

Test Erwartungsanalyse

Lassen Sie zunächst jedes Gruppenmitglied für sich allein auf einem Zettel die folgenden Fragen beantworten:

1.

Was will ich hier (welche Erwartungen habe ich hinsichtlich dieser Gruppe)?

2.

Was darf ich hier (habe ich das Gefühl, meine Erwartungen in dieser Gruppe erfüllen zu können)?

Bilden Sie durch Abzählen Dreier- oder Vierer-Gruppen. Diese Kleingruppen bekommen nun die Aufgabe, die einzeln geäußerten Erwartungen auf einem großen Zettel zusammenzutragen (sodass also keine Doppelnennungen vorkommen).

Eventuell kann noch eine Rangliste der Wichtigkeit der einzelnen Erwartungen erstellt werden.

Nach der Anfertigung der Erwartungslisten in den Kleingruppen (Dauer ca. 30 bis 40 Minuten) werden die Listen öffentlich ausgehängt und gemeinsam besprochen.

Anschließend sollen alle Teilnehmer sich darüber äußern, ob ihnen die Erwartungsanalyse geholfen hat, schneller Kontakt in der Gruppe zu finden.

LITERATUR ZU DIESEM KAPITEL
L. Bradford, S. 270 ff
J. Luft, S. 48 ff
T. Mills, S. 85 ff

11 Absichten und Auswirkungen

»An einem Sommerabend saßen zwei ältliche Schwestern in ihren Schaukelstühlen auf der Veranda vor ihrem kleinen Haus am Rande eines Dorfes. Während sie gemütlich schaukelten, lauschte die eine Schwester dem Chor, der in der kleinen Kirche übte. Der Chor sang eins ihrer Lieblingslieder. Sie blickte die Straße entlang, wo sie das Licht durch die bunten Glasfenster der kleinen Kirche schimmern sah, und sagte zu ihrer Schwester: ›Ist das nicht die schönste Musik, die es gibt?‹ Ihre Schwester, die rechts von ihr saß, blickte zufällig auf die Felder an ihrer Seite des Hauses und horchte auf die Grillen, die in der Dämmerung zirpten. Selig lächelnd schaukelte sie hin und her und sagte: ›Ja, das ist eine herrliche Musik, und dabei sollen sie das machen, indem sie ihre Hinterbeine aneinanderreiben‹.«

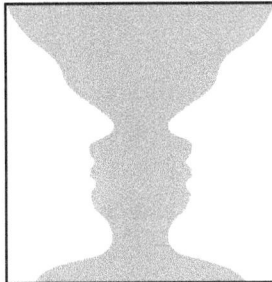

Diese kleine Geschichte von R. Moore demonstriert uns, welche Missverständnisse entstehen können, wenn die Blickwinkel zweier Menschen nicht übereinstimmen. Legen Sie die Abbildung auf dieser Seite einmal verschiedenen Bekannten vor und lassen diese angeben, was auf dem Bild dargestellt ist. Das gleiche Bild: zwei Gesichter, während andere eine Vase zu sehen glauben.

Ähnlich wie dieses Bild werden auch oft unsere Absichten und Handlungen missverstanden oder von verschiedenen Leuten unterschiedlich aufgefasst. Eins der wichtigsten Probleme in zwischenmenschlichen Beziehungen ist der Zusammenhang zwischen meinen Absichten und den Auswirkungen meiner Handlungen auf andere.

Wir wissen, dass die gleichen Handlungen bei verschiedenen Personen unterschiedliche Auswirkungen haben können. Bei jedem Menschen haben sich relativ stabile Verhaltensmuster herausgebildet, mit denen er auf gleiche oder ähnliche Situationen reagiert.

Unterschiede des Blickwinkels können Beziehungen stören!

Der eine reagiert auf Aggressionen, indem er ebenfalls böse wird, ein anderer zieht sich stumm zurück, ein Dritter löst vielleicht das Problem dadurch, dass er anfängt, zu weinen, und damit signalisiert: »Ich bin so hilflos! Du darfst mir nichts tun!«

Dass andere Menschen auf unsere Handlungen verschieden reagieren, hat seinen Grund aber nicht nur in solchen individuell unterschiedlichen Verhaltensmustern. Oft werden nämlich unsere Handlungen ganz einfach missverstanden. Wir werden gleich sehen, dass dies nicht nur an unserer unklaren Ausdrucksweise liegt.

Hinter jeder Handlung liegt eine bestimmte Absicht. Ich will mit dieser Handlung etwas erreichen. Aber nur die Handlung ist »öffentlicher« Natur, nur sie kann von allen beobachtet werden. Die darunterliegenden Absichten sind »privater« Natur und zunächst nur demjenigen bekannt, der sie hat. Meine private Absicht ist es beispielsweise, einem anderen zu zeigen, dass ich ihn gern habe. Meine öffentliche Handlung kann jetzt darin bestehen, dass ich

a. ihm ein Geschenk kaufe

b. ihn zum Essen einlade

c. ihm meinen Arm um die Schultern lege.

Ich habe also verschiedene Möglichkeiten zur Verfügung, meine Absicht in einer bestimmten Handlung zu verschlüsseln.

Angenommen, ich drücke meine Zuneigung dadurch aus, dass ich ein Geschenk kaufe. Der Betroffene kann einmal die dahinterliegende Absicht erkennen. Er könnte aber auch denken:

a. »Er will mich beeindrucken!«

b. »Er will mich verpflichten!«

c. »Er will sich dafür bedanken, dass ich ihm gestern geholfen habe.«

Das sind verschiedene Möglichkeiten, eine Handlung zu entschlüsseln.

Aus Agentenromanen wissen wir, dass der Besitz des richtigen Schlüssels wichtig sein kann. Benutzen Sender und Empfänger nicht den gleichen Code, dann ist das richtige Empfangen einer Nachricht unmöglich geworden.

Zur Verständigung notwendig: der richtige Code!

Die Art unserer persönlichen Schlüssel ist vorwiegend in unserer Kindheit geprägt worden. Wenn es in unserer Familie nicht üblich war, Zärtlichkeit oder Herzlichkeit spontan und offen auszudrücken, könnten wir es missverstehen, wenn man den Arm um uns legt. Die Geste sollte vielleicht nur bedeuten: »Ich schätze dich. Du bist ein guter Kamerad«, während wir entschlüsseln: »Ich habe dich sehr gern. Du bist wundervoll!«

Je fremder die Kulturen sind, aus denen die Beteiligten stammen, desto deutlicher werden die Unterschiede der benutzten Schlüssel. Während bei uns das Händchenhalten (meist) nur unsere Zuneigung ausdrückt, sind wir mit dieser Geste in Spanien schon verlobt.

Wir dürfen also nicht davon ausgehen, dass unsere Absichten immer die erwünschten Auswirkungen haben. Unser Schaubild macht das noch einmal deutlich:

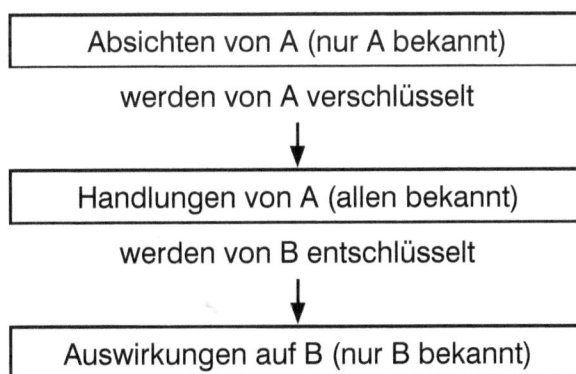

```
┌────────────────────────────────────────┐
│   Absichten von A (nur A bekannt)      │
└────────────────────────────────────────┘
          werden von A verschlüsselt
                    ↓
┌────────────────────────────────────────┐
│   Handlungen von A (allen bekannt)     │
└────────────────────────────────────────┘
          werden von B entschlüsselt
                    ↓
┌────────────────────────────────────────┐
│   Auswirkungen auf B (nur B bekannt)   │
└────────────────────────────────────────┘
```

Weil die meisten Menschen unterschiedliche Codes benutzen, haben Handlungen keine einzige und konstante Bedeutung, sondern sind vieldeutig. Oft ist es daher notwendig, unserem Partner die eigenen Absichten und Reaktionen klar und deutlich mitzuteilen und nach den Absichten und Reaktionen des anderen zu fragen.

Interview-Spiel

Da wir die Handlungen anderer Menschen nach unserem eigenen Schlüssel interpretieren, können wir Fehlinterpretationen nie ganz ausschließen. Wir bilden uns dann aufgrund der Handlungen allmählich ein Urteil über den betreffenden Menschen, das sich oft genug als Fehlurteil herausstellt. Wir glauben, seine Absichten zu kennen, über seine Ansichten Bescheid zu wissen und seine Reaktionen vorauszuberechnen zu können.

Wir haben gelernt, dass solche »interpersonellen Wahrnehmungen« die Interaktionen der Gruppenmitglieder stark beeinflussen.

Spiel Mit dem folgenden Gruppenspiel können Sie interpersonelle Wahrnehmungen in der Gruppe sichtbar machen und gegenseitige Vorurteile korrigieren. Das Spiel hilft den Gruppenmitgliedern, sich gegenseitig besser zu verstehen.

Spielregeln

Jedes Gruppenmitglied sucht sich zwei oder drei andere aus der Gruppe aus und darf an diese jeweils eine Frage stellen. Die Frage muss schriftlich festgehalten werden und ebenfalls die Antwort, die man von dem betreffenden Gruppenmitglied vermutet!

Anschließend stellt jedes Gruppenmitglied der Reihe nach seine Fragen. Die Fragen werden vorgelesen, und der Betroffene sagt, ob er die Frage beantworten möchte oder nicht. Nach der Antwort werden die vermuteten Antworten vorgelesen und die Gründe für diese Vermutung mitgeteilt.

SPIELVARIANTE

Die Gruppe bildet Paare. Auswahlgesichtspunkte für die Paarbildung können sein, dass man sich besser kennen lernen will, dass man entstandene Meinungsverschiedenheiten beseitigen will usw.

Dann stellen sich die Gesprächspartner abwechselnd Fragen. Der Befragte muss bei jeder Frage dem anderen mitteilen, was er bei dieser Frage empfindet und ob er antworten möchte. Wird die Frage beantwortet, muss der Frager anschließend mitteilen, ob er diese Antwort erwartet hat oder nicht und warum.

Anschließend diskutiert die Gruppe darüber, welche Vorurteile in der Gruppe durch das Interview-Spiel korrigiert worden sind.

Auf Seite 164 finden Sie eine Auswahl von Fragen als Anregung für das Interview-Spiel. Die Fragen sind in ihrem Intimitätsgrad unterschiedlich. Stellen Sie auch Fragen, die Ihnen selbst einfallen. Ändern Sie den Vertraulichkeitsgrad Ihrer Fragen. Prüfen Sie, welches Bedürfnis nach Vertrauen Ihr Partner hat, und achten Sie darauf, welche Fragen er nicht beantworten möchte. Stellen Sie nur solche Fragen, die Sie selbst auch beantworten würden!

Was ärgert dich bei anderen Menschen am meisten?
Was bringt dich am schnellsten aus der Fassung?
Was ärgert dich an dir selbst am meisten?
In welcher Situation hast du zuletzt gelogen?
Welche Ziele strebst du in deinem Beruf an?
Welche Ziele strebst du in deinem Privatleben an?

Was findet deiner Meinung nach das andere
Geschlecht an dir am anziehendsten?
Was hältst du an dir für wenig anziehend?
Wo liegen deine besonderen Fähigkeiten?
Bist du fähig, deine Gefühle anderen gegenüber offen zu äußern?
Was denkst du über mich?

Welche Gefühle kannst du bei dir am schwersten beherrschen?
Wie war dein Verhältnis zu deinen Eltern?
Wie hängen Liebe und Sexualität für dich zusammen?
Warst du ein guter oder ein schlechter Schüler?
Was hältst du von Treue in der Liebe?

Was hat dich heute am meisten innerlich beschäftigt?
Wie leicht findest du Anschluss an andere Menschen?
Hast du Minderwertigkeitsgefühle?

Beratungstechnik

Einem anderen bei der Lösung eines Problems zu helfen, ist wohl eine der schwierigsten Gesprächsaufgaben. Wenn wir anderen Ratschläge geben, neigen wir dazu, uns selbst zu stark mit dem Problem zu identifizieren. Wir erfassen dann gar nicht, was der andere möchte, sondern bringen unsere eigenen Motive mit ins Spiel.

Anstatt wirklich zu helfen, drängen wir oft unsere Überzeugungen auf.

Unser Nachbar fragt uns beispielsweise um Rat, weil sein Sohn in der letzten Zeit nur nachlässig seine Schulaufgaben erledigt. »Sie müssen energischer werden!«, ist vielleicht unser spontaner Ratschlag, obwohl unser Nachbar eigentlich gerne wissen wollte, wie er seinen Sohn ohne Druck motivieren kann. »Sie müssen energischer werden!« – dahinter kann auch unsere unbewusste Überzeugung stehen, dass unser Nachbar viel zu weich in seiner Erziehung ist.

Die gleiche subjektive Interpretation, die uns die Absichten anderer Menschen oft falsch deuten lässt, kann also auch dazu führen, dass wir andere nicht wirklich beraten, sondern unbewusst versuchen, ihnen unsere eigenen Überzeugungen aufzudrängen. Der Sinn einer Beratung sollte es aber sein, dem Ratsuchenden durch Unterstützung und methodische Hilfe die Möglichkeit zu geben, seine eigenen Probleme aufzuarbeiten und konkrete Entscheidungen für deren Lösung selbst zu treffen.

Der Berater muss die Person des Ratsuchenden so akzeptieren, wie sie ist. Er soll also nicht Psychiater spielen und den anderen zu ändern versuchen, sondern ihm lediglich helfen, sein Problem besser zu durchschauen.

Wesentliches Problem für den Berater ist es, sich nicht durch die Erzählung des Ratsuchenden und die Richtung der eigenen Fragen in einen Gesprächsverlauf drängen zu lassen, der das Problem eher verwirrt als durchsichtig macht. Die folgenden Phasen sollten in einem Beratungsgespräch immer eingehalten werden:

Feststellen der Tatsachen

Die grundlegenden Fakten und Aspekte der Situation werden gesammelt. Die möglichen Motive der Beteiligten werden ergründet. Dem Ratsuchenden sollen die Bedingungen des Problems klar bewusst werden.

Diagnose des Problems

Das Problem wird gemeinsam klar definiert. Die Problemdefinition enthält einen Motiv- und einen Zielaspekt, das heißt, es wird genau formuliert, was erreicht werden soll und warum es erreicht werden soll. Oft stellt man dabei fest, dass das wahre Problem des Ratsuchenden anders lautet, als er selbst ursprünglich glaubte.

Treffen von Entscheidungen

Die Handlungen, die zu dem gewünschten Ziel führen, werden genau festgelegt. Es wird noch einmal überprüft, ob die getroffene Entscheidung von dem Ratsuchenden rational wie auch gefühlsmäßig akzeptiert werden kann.

In Arbeitsgruppen, die sich in der Phase des Problemlösens befinden, sind Rat suchen und Rat geben häufige und wichtige Formen der Kommunikation. Der gute Wille der Berater äußert sich dann oft darin, dass sie dem Ratsuchenden eine Menge Lösungsvorschläge anbieten, von denen sie meinen, dass sie wirksam seien. Dieses Anbieten von Lösungen drängt den Ratsuchenden aber in eine passive Rolle. Außerdem ist es meist so, dass bei vorschnellen Ratschlägen dem Berater und dem Ratsuchenden der Umfang des Problems gar nicht richtig bewusst und das Problem nur unscharf formuliert wird.

Wenn der Berater also zu schnell eine Antwort findet, wird oft der eigentliche Kern des Problems gar nicht angesprochen, und es wird nur eine Scheinlösung erreicht.

Übung Versuchen Sie daher einmal ganz bewusst, nur durch die Technik des Fragens den Ratsuchenden selbst zu der Problemlösung zu führen.

Beachten Sie dabei die drei Phasen der Beratung.

Die Fragen sollen in jeder Phase so gestellt werden, dass der Ratsuchende gezwungen ist, sein Problem neu zu formulieren und sich mit den Bedingungen seines Problems zu beschäftigen, das heißt, er soll es selbst aktiv angehen. Stellen Sie nur echte Fragen! Die Fragen dürfen also nicht eine indirekte Lösung des Problems anbieten, z. B. durch Fragen wie: »Könnten Sie denn nicht ... ?«

Sie sollten einmal versuchen, während eines solchen Beratungsgesprächs so lange in Frageform zu kommunizieren, bis der Ratsuchende zu einer selbstständigen Problemlösung gefunden hat.

Üben Sie jetzt in Ihrer Gruppe einmal methodisch die Beratungstechnik.

Am besten bilden Sie dazu Dreiergruppen. A spielt den Ratsuchenden, B den Ratgeber und C den Beobachter. Dieser soll darauf achten, dass die Regeln der Beratungstechnik eingehalten werden, und dem Ratgeber anschließend Feedback über sein Beratungsverhalten geben. Wir haben hierfür einige Fragen für den Beobachter zusammengestellt.

FRAGEN ZUR BERATUNGSTECHNIK

Wurde das Verhalten des Ratsuchenden interpretiert?

Wurde seine Ansicht des Problems (positiv oder negativ) bewertet?

Wurde der Ratsuchende aufgrund persönlicher Motive des Ratgebers gelobt oder kritisiert?

Wurde aktiv zugehört, d. h. nicht nur (passiv) geschwiegen, sondern das Gesagte wiederholt beziehungsweise neu formuliert?

Wurde der Ratsuchende durch die Ungeduld des Ratgebers unterbrochen?

Zeigten sich Anzeichen der Unaufmerksamkeit beim Berater?

Wurden die Tatsachen zur Sprache gebracht, oder wurde sich um die Aufdeckung der Hintergründe und Motive der Beteiligten nicht gekümmert?

Wurde geholfen, die Fakten in Bezug auf die Bedeutung für das Problem zu analysieren?

Wurden die drei Phasen des Beratungsgesprächs eingehalten?

Wurden dem Ratsuchenden fertige Lösungen angeboten oder aufdringliche Ratschläge gegeben?

Machte der Ratgeber moralische Vorhaltungen?

Stellte der Ratgeber Fragen, die dem Ratsuchenden abwertend oder bedrohlich erscheinen mussten?

Bezog sich der Ratgeber auf Dinge, die bereits geklärt waren?

Beteiligte der Ratgeber den Ratsuchenden aktiv an der Lösung des Problems?

Gesprächswiderstände abbauen

„Worte! Worte! Worte!
Sie kotzen mich einfach an, diese Worte!"

Dieser Ausruf stammt nicht etwa aus einem Ehestreit, sondern von Eliza Doolittle aus dem Musical »My Fair Lady«.

Besser kann eigentlich gar nicht ausgedrückt werden, was uns hindert, andere wirklich zu verstehen und ihnen bei ihren Problemen zu helfen. Wir reden einfach zu viel.

Wir sind von der Bedeutung unserer Worte für unser Gegenüber zutiefst überzeugt und nehmen uns dabei nicht die Zeit, seine Handlungen richtig zu verstehen und seine Worte zu entschlüsseln. Wir tendieren dazu, zu beurteilen, zu bewerten, Missfallen oder Gefallen auszusprechen, ehe wir wirklich verstanden haben, was der andere sagt, anstatt zu versuchen, die Gedanken, Ideen und Vorstellungen

Oft haben wir schon geurteilt, bevor wir richtig verstanden haben!

aus der Perspektive des anderen zu sehen und herauszufinden, welche Gefühle und Wünsche er damit verbindet.

Aber nicht das Ausmaß unserer Informationen, sondern das Ausmaß unseres Zuhörens macht uns zu einem begehrten Gesprächspartner.

Überlegen Sie einmal, was Sie an guten Freunden schätzen:

Sie haben das Gefühl, dass diese nicht versuchen, Sie mit ihren Ratschlägen zu überfahren, sondern dass sie Ihren Problemen gegenüber aufgeschlossen sind – dass sie zuhören können.

P. Hofstätter berichtet von einer erstaunlichen Entdeckung der Gruppenforschung: Der Gruppenführer ist nicht derjenige, welcher die meisten Informationen oder Befehle gibt, sondern derjenige, der die meisten Informationen von den Gruppenmitgliedern empfängt – also am meisten zuhören muss.

Die Fähigkeit des Zuhörens und des Eingehens auf andere sollten Sie systematisch üben. Bearbeiten Sie zunächst einmal die folgenden drei Aufgaben:

Übung Wählen Sie zwei oder drei Menschen aus, mit denen Sie täglich zu tun haben und die für Ihre Arbeit oder Ihr Privatleben wichtig sind. Nehmen Sie für jeden ein großes Blatt Papier, und versuchen Sie, schriftlich die folgenden Fragen zu beantworten:

Welche wichtigsten Ziele hat dieser Mensch im Beruf, im Privatleben?

Was interessiert ihn am meisten?

Welche Probleme hat er?

Wie denkt er über Dinge, die mir wichtig sind?

Was denkt er von mir?

Wie könnte ich ihm am besten helfen?

Beantworten Sie diese Fragen so sorgfältig wie möglich. Versuchen Sie, sich genau in den anderen hineinzuversetzen!

Übung Sehen Sie sich in der Zeitung oder im Internet Stellenanzeigen an. Gute Anzeigen stellen nicht das Unternehmen, sondern die Anforderungen der Position in den Mittelpunkt!

Suchen Sie Beispiele für gute und schlechte Stellenbeschreibungen. Stellen Sie sich dann vor, Sie bewerben sich um eine bestimmte Stellung. Formulieren Sie einen guten Bewerbungsbrief. Überlegen Sie sich dabei, welche Anforderungen wohl an den Posten gestellt werden, um den Sie sich bewerben, und formulieren Sie den Brief entsprechend.

Übung Stellen Sie eine Liste möglichst abstrakter Wörter zusammen. Beispiele: Freiheit, Liebe, Kooperation usw.

Versuchen Sie, eine Definition für diese Wörter zu finden. Umschreiben Sie sie möglichst genau mit Ihren eigenen Worten. Jetzt suchen Sie sich drei gute Bekannte aus und überlegen sich, wie diese die Wörter auf Ihrer Liste umschreiben würden. Überlegen Sie sich besonders die möglichen Meinungsverschiedenheiten zwischen Ihnen und Ihren Bekannten. Machen Sie diese Übung schriftlich.

Ich   ÜBEREIN-   Partner
           STIMMUNG

Anpassung Anpassung

VERTRAUEN

eigene Belange fremde Belange

VERSTÄNDNIS

Einsicht   Zusammenhänge

VERSTEHEN

Interesse   Information

VERSTÄNDIGUNG

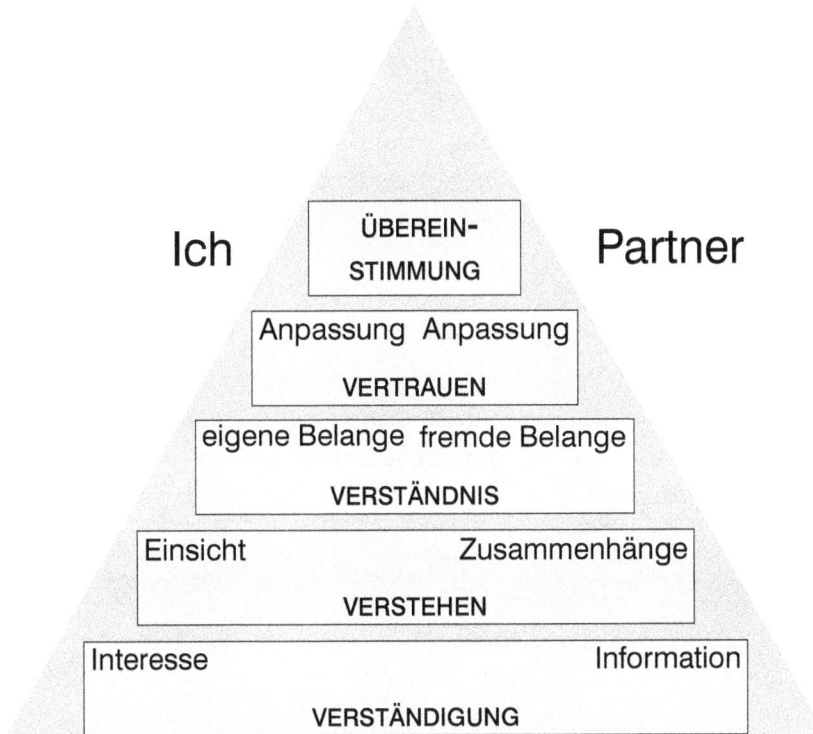

DIE KOMMUNIKATIONS-PYRAMIDE

Ebenso wie wir uns bemühen, die Absichten und Handlungen unserer Gesprächspartner besser zu deuten, können wir auch die Art, wie unsere Absichten und Handlungen gedeutet werden, beeinflussen. Durch die Art unserer Kommunikation erzeugen wir oft Abwehrhaltungen bei unserem Gesprächspartner anstatt die Bereitschaft zum Zuhören.

Unser Gesprächspartner reagiert abwehrend, wenn er sich in einem Gespräch in seinem Selbstbewusstsein bedroht fühlt. Er verwendet dann ein erhebliches Maß seiner Energie auf seine Selbstverteidigung anstatt auf das Gesprächsthema. Während er über das Thema spricht, denkt er darüber nach, wie er auf andere wirkt, wie er möglicherweise in einem günstigeren Licht gesehen werden könnte, wie er Sieger sein könnte, wie er dominieren könnte, wie er Eindruck machen oder wie er einen vermeintlichen Angriff vermeiden oder abwehren könnte.

Eine solche Abwehrhaltung verhindert, dass unser Gesprächspartner sich auf den Inhalt unserer Mitteilung konzentrieren kann. Er ist viel zu sehr damit beschäftigt, den unbewusst erlebten Angriff auf seine Person abzuwehren.

Wir haben für Sie (auf den Seiten 173 ff) sechs Kommunikationsregeln zusammengestellt.

Versuchen Sie, auf die Einhaltung dieser Regeln zu achten. Sie vermeiden so, mit Ihren Worten das Selbstbewusstsein Ihres Gesprächspartners anzugreifen, und können ein defensives und misstrauisches Gesprächsklima abbauen.

Sechs Gesprächsregeln

1. Beschreibend anstatt bewertend

Vorwürfe, Bewerten nach »Gut« und »Böse«, moralische Urteile über andere bringen den Gesprächspartner dazu, dass er sich in Acht nimmt oder den vermuteten Angriff abwehrt. Hinter einer bewertenden Ausdrucksweise steht unausgesprochen die Aufforderung, dass der andere sein Verhalten ändern soll. Dagegen lässt das einfache Mitteilen von Gefühlen, Ereignissen und Wahrnehmungen dem anderen die Möglichkeit, selbst Stellung zu beziehen.

2. Problemorientiert anstatt kontrollierend

In den meisten sozialen Beziehungen versucht immer einer, den anderen zu beeinflussen. Allen Versuchen, einen anderen zu beeinflussen, liegt aber die Annahme zugrunde, dass dieser in irgendeiner Weise eine falsche Einstellung hat oder sich falsch verhält. Unausgesprochen steht hinter einer beeinflussenden Ausdrucksweise die Annahme, dass der Zuhörer uninformiert, unreif oder nicht in der Lage ist, seine eigenen Entscheidungen zu treffen. Eine problemorientierte Ausdrucksweise gibt dagegen zu erkennen, dass man selbst noch keine bestimmte Lösung von Problemen oder festgelegte Meinung hat, die man dem anderen aufzwingen möchte. Es wird das Bedürfnis nach Zusammenarbeit und gemeinsamer Problemlösung im Gespräch herausgestellt.

3. Spontan anstatt strategisch

Niemand ist gern das Opfer von verborgenen Zielsetzungen. Gruppenmitglieder, die bewusst bestimmte Informationen zurückhalten oder ihre wahren Absichten nicht offen aussprechen, erzeugen Ärger und eine Gesprächshaltung, in der einer den anderen heimlich zu beeinflussen sucht. Hat man dagegen den Eindruck, dass der Sprecher das, was er sagt, auch wirklich meint, sind die anderen ebenfalls mehr zur Offenheit bereit.

4. Einfühlend anstatt neutral

Der Gesprächspartner möchte als Person ernst genommen werden, als Individuum mit eigenen Bedürfnissen und Zielen und als Partner mit Beachtung und Zuneigung. Eine distanzierte Ausdrucksweise mit geringem emotionalem Gehalt erzeugt Desinteresse und Abwehr. Wenn der Sprecher dagegen mitteilt, dass er sich mit den Problemen des Zuhörers identifiziert, dass er seine Gefühle teilt oder akzeptiert, ist der Zuhörer auch bereit, den Sprecher zu akzeptieren.

5. Gleichberechtigt anstatt überlegen

Wenn jemand einem anderen zu verstehen gibt, dass er sich ihm überlegen fühlt hinsichtlich Position, Einfluss, Reichtum, intellektueller Fähigkeiten, Körperstärke oder in irgendeiner anderen Weise, dann erzeugt er Abwehr. Der Betroffene reagiert dann so, dass er die Mitteilung »überhört«, sie verdrängt, mit dem Sprecher unbewusst in Wettbewerb tritt oder eifersüchtig wird. Wenn man zu erkennen gibt, dass man sich einem anderen überlegen fühlt, drückt man damit aus, dass man an einer gemeinsamen Arbeit oder einem engagierten Gespräch eigentlich gar nicht interessiert ist. Gleichberechtigung drückt man dagegen aus, indem man zu erkennen gibt, dass man Unterschieden in Begabung, Fähigkeit oder im Status des anderen keine große Bedeutung beimisst.

6. Improvisierend anstatt formal

Diejenigen, die bereits alle Antworten kennen, die keine zusätzlichen Informationen brauchen, in ihren Ansichten dogmatisch sind, sich an festen Regeln oder Tagesordnungen orientieren, haben wenig Toleranz für diejenigen, die nicht mit ihnen übereinstimmen. Zeigt man dagegen, dass man bereit ist, ausgetretene Pfade zu verlassen, Informationen oder Hilfe von anderen zu akzeptieren, steigt auch die Bereitschaft der anderen zur Zusammenarbeit.

LITERATUR ZU DIESEM KAPITEL
K. Antons, S. 229 ff
R. Moore, S. 50 ff

12 Körpersprache

Bisher wurde meist über sprachliche Kommunikation in der Gruppe gesprochen. Viele Informationen, die wir von anderen empfangen, erhalten wir aber auch auf nichtsprachlichem Weg. Da viele Menschen die Tendenz haben, ihre wahren Gefühle zu verbergen, oder sich ihrer Empfindungen oft selbst nicht bewusst sind, können wir sie besser verstehen, wenn wir es lernen, die Informationen ihrer »Körpersprache« zu empfangen.

Die Körpersprache ist oft viel ehrlicher, weil wir in unserem Kulturbereich unseren Körper viel weniger kontrollieren als unsere Sprache. Die Frau, die dem Psychiater sagt, sie liebe ihren Mann, und dabei den Kopf schüttelt, ist ein Beispiel dafür.

Den Kopf verlieren, ein saures Gesicht machen, die Stirn bieten, die Ohren steif halten, die Nase rümpfen, Rückgrat haben ... – solche und ähnliche Begriffe zeigen, dass auch in der Körpersprache unbewusste und mehr oder weniger feste Regeln dafür vorhanden sind, wie man Empfindungen ohne Sprache ausdrückt.

Und oft reagieren wir auch auf nichtsprachliche Signale, ohne weiter darüber nachzudenken. Ein Mann kommt uns auf einem engen Bürgersteig entgegen. Ohne zu sprechen, weichen wir aus und gehen aneinander vorbei. Keiner hat bewusst darüber nachgedacht, in welche Richtung er ausweichen musste, die Körpersprache hat es signalisiert.

Auch Körpersprache hat eine Grammatik!

Manchmal sind diese Signale allerdings undeutlich. Dann gehen beide gleichzeitig nach links und dann gleichzeitig nach rechts, lächeln sich entschuldigend an und gehen erst dann aneinander vorbei. Auch in der Körpersprache gibt es also ein »Stottern«.

Wir haben gesehen, wie wichtig es ist, sich der eigenen Empfindungen bewusst zu werden, die unsere Kommunikation in Gruppen und unser Verhalten zu anderen beeinflussen. Lernen wir es also, unsere Körpersprache als Symbolsprache zu verstehen:

Körpersprache enthüllt das Unbewusste.

Gesten und Bewegungen enthüllen das Unbewusste, die verschleierten Gefühle.

In diesem Abschnitt sollen typische Symbole besprochen werden, mit denen der Körper Unbewusstes deutlich macht. Auch bei der Deutung dieser Symbole gilt der Grundsatz, dass wir unsere Umgebung nicht objektiv, sondern subjektiv wahrnehmen. Sogar ganz einfache nonverbale Äußerungen von Personen, von denen wir meinen, dass wir sie eindeutig definieren können, führen uns oft in die Irre.

Übung Betrachten Sie einmal die unten abgebildeten **vier Figuren**, und versuchen Sie, für jede Figur festzustellen, was diese mit ihrer Haltung ausdrücken will. Benutzen Sie für die Beschreibung jeweils nur ein Eigenschaftswort für jede Figur.

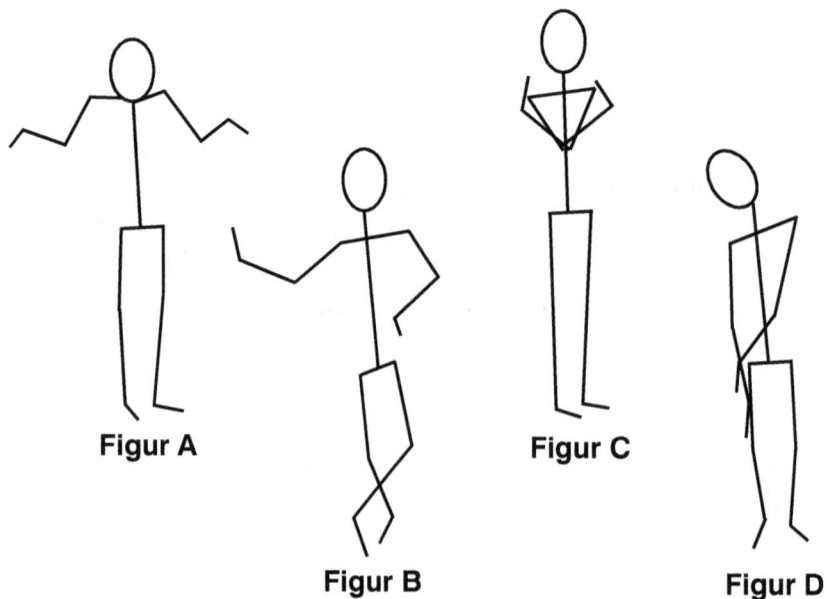

Figur A

Figur B

Figur C

Figur D

Wie haben Sie die Haltungen dieser Figuren interpretiert? Im Anhang, auf Seite 235, können Sie nachlesen, welche Interpretationen
andere dafür gefunden haben.

Einige dieser Interpretationen ähneln sich natürlich, aber wir finden
doch für jede Figur eine ganze Skala von Beschreibungen, die oft ganz
erheblich differieren. Figur B wird z. B. einmal als »zwanglos«, ein
andermal als »wütend« erlebt.

Wenn wir in Zukunft verstärkt auf nichtsprachliche Signale in
Gruppen achten, können uns solche Beobachtungen helfen, den anderen besser zu verstehen. Doch wir dürfen unsere Beobachtungen
nicht einfach schweigend interpretieren, ohne mit dem anderen darüber zu sprechen.

Wenn Sie in einem Fahrstuhl oder in der Straßenbahn dicht neben
anderen Menschen stehen müssen, befolgen Sie meist ganz automatisch bestimmte strenge Verhaltensregeln: Sie stehen so steif und
gerade wie möglich und versuchen, Ihren Nachbarn auf keinen Fall
irgendwo zu berühren. Tun Sie es doch, rücken Sie entweder beiseite,
oder Sie spannen Ihre Muskeln an.

Mit dieser Reaktion »sagen« wir nach Julius Fast Folgendes: »Ich
bitte Sie um Entschuldigung, dass ich in Ihre Zone eindringe, aber
die Situation zwingt mich dazu, und ich werde selbstverständlich
Ihre Privatzone respektieren und keinesfalls vertraulich werden!«

Die Kinesik, die Wissenschaft von der Körpersprache, hat herausgefunden, dass es hauptsächlich vier Distanzzonen gibt, mit denen
Menschen nichtsprachlich ihre Bedürfnisse nach Kontakt ausdrücken:

Die **intime Distanz** reicht vom direkten körperlichen Kontakt bis
zu einer Entfernung von ungefähr 60 cm. Wenn diese Distanzzone
von Fremden durchbrochen wird, kann dies leicht Unruhe und Unbehagen auslösen. Das unbewusste Steifmachen im Fahrstuhl drückt
daher aus, dass wir sozusagen eine »Nichtperson« sind, der andere
also keinen Grund hat, die Verletzung seiner intimen Distanzzone zu
fürchten.

Die Zone der **persönlichen Distanz** reicht etwa von 60 bis 150 cm.
Es ist eine Art »Cocktailparty-Distanz«. Sie erlaubt einen gewissen

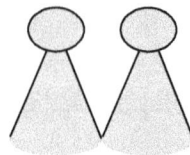

1. intime Distanz

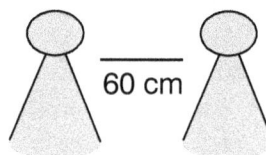

2. persönliche Distanz

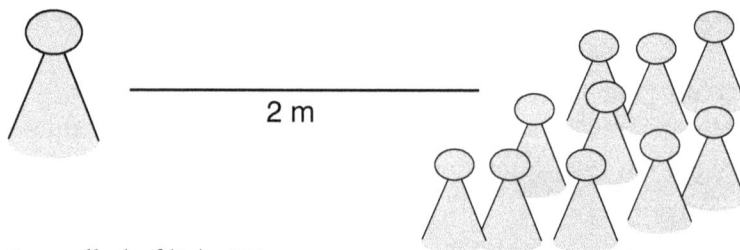

3. gesellschaftliche Distanz

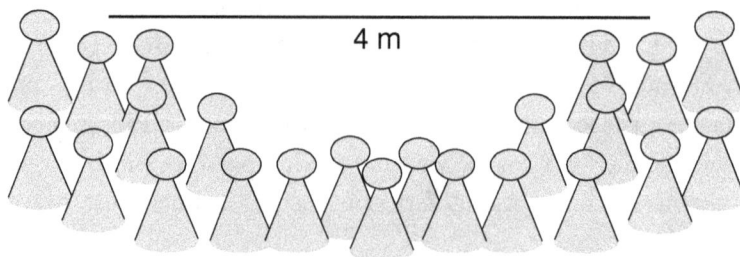

4. öffentliche Distanz

Grad von Vertraulichkeit, aber da es in dieser Entfernung bereits schwerfällt, den Partner zu berühren, sind Begegnungen innerhalb dieser Zone meist nicht sehr privater Natur. Wenn sich zwei Leute auf der Straße treffen, halten sie meist diese Entfernung ein, um sich ein bisschen zu unterhalten.

Im Bereich der **gesellschaftlichen Distanz** erledigen wir im Allgemeinen unsere unpersönlichen Angelegenheiten: In dieser Distanz (ca. 150 bis 200 cm) unterhalten wir uns mit einem Kunden oder einem fremden Besucher, mit dem Handwerker, dem Lebensmittelverkäufer oder dem Postboten. Der große Schreibtisch des Chefs hält seine Untergebenen in dieser Distanz und zeigt ihnen, ohne dies auszusprechen zu müssen, dass hier persönliche Beziehungen unerwünscht sind. Und nicht ohne Grund gibt es meist in den Behördenzimmern den breiten Tresen, der die Besucher vom eigentlichen Arbeitsfeld des Beamten trennt.

Die gesellschaftliche Distanz hat aber auch Schutzfunktion. Bis auf diese Distanz können sich andere Menschen nähern, ohne dass man sie – höflicherweise – beachten müsste.

Bei einem Abstand ab ungefähr 4 m beginnt schon die **öffentliche Distanz**. Hier hat jede persönliche Beziehung aufgehört, und man agiert als Einzelner. Der Lehrer beim Frontalunterricht, der Politiker bei seiner Ansprache, der Schauspieler auf der Bühne bewegt sich in dieser Distanz.

Je nach der Art von Beziehung, in die zwei Personen eintreten wollen, werden die Distanzzonen gegenseitig respektiert und bei einer Verletzung verteidigt. Im Kino setzt man sich möglichst nicht direkt neben einen Fremden. Im Restaurant wird es unangenehm, wenn es zu voll ist. Aber wenn wir der einzige Besucher sind, ist dies ebenso unangenehm, weil dann noch nicht einmal die Möglichkeit besteht, auf der gesellschaftlichen Distanzebene Kontakt aufzunehmen.

Der Umgang mit Distanz drückt Beziehungen aus.

Auch der Dompteur macht sich die Kenntnis der Distanzzonen zunutze. Er weiß genau, dass der Löwe ihn nicht angreift, wenn er diesem nicht zu nahe kommt, sondern so lange zurückweicht, bis seine persönliche Distanzzone wiederhergestellt ist. Erst wenn der

Löwe nicht mehr ausweichen kann, wird es für den Dompteur gefährlich.

Auch gute Vertreter wenden die Distanzregeln unbewusst an. Wenn ihnen die Hausfrau öffnet, setzen sie nicht etwa »einen Fuß in die Tür« – das käme einem Angriff auf die Intimsphäre gleich –, sondern treten einen Schritt zurück. Sie deuten damit an: »Ich bin nicht aufdringlich. Ich versuche nicht, Sie einzuengen. Sie können jederzeit in eine weitere Distanzzone ausweichen, wenn Sie es wünschen.« Der Chef hingegen, der sich weit über den Schreibtisch seines Angestellten beugt, zeigt damit deutlich: »Ich bin hier der Herr! Ich kann jederzeit die Art von Kontakt herstellen, die mir behagt!« Man stelle sich einmal vor, was für Gefühle ein gleiches Verhalten des Angestellten am Schreibtisch des Chefs auslösen würde.

Julius Fast berichtet von einfachen Soldaten, die im Duschraum vor Unteroffizieren katzbuckelten, ohne sie zu kennen oder zu wissen, welchen Rang sie innehatten. Die Unteroffiziere sandten allein durch ihr Verhalten und Auftreten ganz deutliche Rangbotschaften in der Körpersprache. Auch in der Geschäftswelt, wo weder Tressen noch andere Rangsymbole zur Schau gestellt werden, haben leitende Angestellte trotzdem meist die Fähigkeit, ein Gefühl der Überlegenheit auszustrahlen. Man hat herausgefunden, dass dies ebenfalls mit den Distanzzonen zusammenhängt.

Wie schnell jemand in den persönlichen Raum eines anderen eindringt, wie stark dieser verteidigt wird und auf welche Weise dies getan wird – an solchen nichtsprachlichen Verhaltensweisen kann ein geschulter Beobachter sehr schnell den Status von Personen erkennen.

Wie ist die Frage der Nähe oder des Abstandes in einer Gruppe gelöst? Wie groß sind die »Distanzblasen« der Gruppenmitglieder untereinander? Wie geht man mit dem persönlichen Raum des anderen um? Die Beantwortung dieser Fragen kann Ihnen oft schneller zeigen, wie die Frage der Intimität in einer Gruppe gelöst wurde, als es alle noch so herzlichen gegenseitigen Äußerungen der Gruppenmitglieder zu tun vermögen.

Wortlose Begegnungen

William C. Schutz, der mit körperlichen Gruppenübungen die persönliche Entfaltung der Gruppenmitglieder erreichen will, erzählt in seinem Buch »Freude«:

»Beim ersten Zusammentreffen einer Kontaktgruppe wurden alle Teilnehmer instruiert, sie sollten auf den Gebrauch von Worten, geschrieben wie gesprochen, verzichten. Außerdem wurden die Stühle nicht in der sonst üblichen Kreisanordnung aufgestellt. Eine Gruppe hatte einen Tisch zur Verfügung: Die Gruppenmitglieder kamen in einen Raum, in dem die Stühle auf einer Seite zusammengeschoben waren, und mussten sich eine Stunde lang ohne Worte miteinander verständigen. Mit diesem Versuch sollte zu einer nichtverbalen Mitteilungsform ermuntert werden. Es war ein einzigartiges Erlebnis. Die Gruppe tanzte, gestikulierte mit Händen und Füßen, versuchte Sinngehalte durch Gebärden auszudrücken usw. Eine überraschende Entdeckung zeichnete sich ab. Offenbar ergab sich aus der ersten, wortlosen Begegnung für alle ein weit klareres Bild von den einzelnen Gruppenmitgliedern, als es normalerweise nach einer mehr in der herkömmlichen Weise verlaufenen Begegnung existiert. Vielleicht unterstreicht diese Entdeckung die Tatsache, dass die Menschen das gesprochene Wort gemeinhin dazu benutzen, um anderen etwas vorzumachen und sich nicht durchschauen zu lassen. Diese Methode fördert die Umwandlung von Empfindungen in Aktionen. Der Wunsch der Gruppe, einen bestimmten Teilnehmer aufzunehmen, wurde dadurch zum Ausdruck gebracht, dass mehrere Gruppenmitglieder den Betreffenden samt seinem Stuhl buchstäblich aufnahmen und in den von der Gruppe gebildeten Kreis hineintrugen.«

Man kann Worte auch benutzen, anderen etwas vorzumachen.

Aktionen in Empfindungen umwandeln!

Dr. Schutz wollte mit dieser Übung »Empfindungen in Aktionen umwandeln«. Wir gehen mit den folgenden Spielen den umgekehrten Weg. Wandeln Sie Ihre Aktionen in Empfindungen um! Entdecken Sie, welche körperlichen Ausdrucksmöglichkeiten Ihnen zur

Verfügung stehen und was körperliche Signale von anderen alles bedeuten können.

Die folgenden Spiele (sie sind Büchern von W. Schutz und Pfeiffer/Jones entnommen, siehe Quellenverzeichnis) sind nicht reiner Selbstzweck. Mit einigen Spielen können Sie demonstrieren, wie eine Gruppe wirklich zueinander steht, ohne dass ein Ausweichen in die Sprache möglich ist. Es ist daher wichtig, dass Sie in jedem Fall jede einzelne nichtverbale Übung mit der Gruppe anschließend ausführlich besprechen.

Spiel Raumfühlen

Manche Menschen betrachten es schon als einen Übergriff, wenn zufällig jemand in ihren persönlichen Bereich gelangt. Andere dringen nur sehr vorsichtig in den Bereich eines anderen Menschen ein, aus Furcht, sie seien unerwünscht. Wieder andere suchen bewusst nach körperlichen Kontakten.

Fordern Sie die Gruppenmitglieder auf, nahe zusammenzurücken. Dann sollen sie die Augen schließen, die Hände ausstrecken und »ihren persönlichen Raum« fühlen – den gesamten Raum vor ihnen, über ihnen, hinter ihnen und unter ihnen. Dann sollen die Gruppenmitglieder, ohne dabei zu sprechen, untereinander in Kontakt treten, indem sie ihre Hände überkreuzen und berühren. Sie sollen sich so ihrer Gefühle bewusst werden, wenn sie in einen anderen Raum eindringen.

Spiel Blinde Kuh

Beim Spiel »Raumfühlen« wurde der Konflikt zwischen Alleinsein und Zusammensein deutlich. Im nächsten Schritt werden jetzt die Gefühle beim Zusammensein geklärt. Alle Gruppenmitglieder stehen auf, schließen die Augen, strecken die Hände aus und gehen schweigend im Raum umher. Wenn zwei Gruppenmitglieder aufeinandertreffen, erforschen sie einander (mit den Händen oder mit ihrem Körper) – sie erkunden das Wesen des anderen Menschen und versuchen, ihn zu »erfassen« (!).

Spiel Einbrechen

Oft kommt es vor, dass ein Gruppenmitglied sich aus der Gruppe
»ausgestoßen« fühlt. Dann kann dieses Gruppenmitglied symbolisch wieder in den Kreis aufgenommen werden: Die Gruppe bildet
einen engen Kreis, indem alle sich anfassen oder unterhaken. Das
»ausgestoßene« Gruppenmitglied muss nun versuchen, von außen in
diesen Kreis zu gelangen. Es kann dabei die Mittel der Überredung,
Versprechungen, Schmeichelei und auch körperliche Kraft anwenden
(Vorsicht: Brillen, Uhren und ähnliche Gegenstände, die zerbrechen
oder andere verletzen könnten, sollten vorher abgenommen werden!).
Nachdem das Gruppenmitglied wieder aufgenommen wurde, drückt
es der Gruppe gegenüber die Gefühle aus, die es nach der Wiederauf-
nahme hat.

Spiel Integration

Wie viel Vertrauen herrscht in einer Gruppe? Wie eng soll der Kontakt
sein, den die einzelnen Gruppenmitglieder zur Gruppe wünschen?
Fühlt man sich »innerhalb« oder eher »außerhalb« der Gruppe ste-
hend? Solche Fragen lassen sich meist schwer beantworten. Eine einfache Übung kann hier mehr als alle Worte ausdrücken. Die Gruppe
bildet einen Kreis, aber ohne sich dabei anzufassen. Die Gruppenmitglieder sollen nun die Augen schließen und sich vorstellen, die Mitte
des Kreises symbolisiere für sie den Ort der größten Intimität mit der
Gruppe. Jetzt soll jeder in Gedanken auf diese Mitte zugehen. Wie
nahe möchte man dem Punkt der größten Gruppenintimität sein?
Fühlt man sich völlig in der Gruppe geborgen, oder distanziert man
sich eher von ihr? Dann öffnen alle die Augen. Alle gehen auf die
Gruppenmitte zu und bleiben in einer Entfernung stehen, die das vorher empfundene Verhältnis zur Gruppe symbolisieren soll.

Spiel Lebendes Soziogramm

Jede Gruppe entwickelt im Laufe der Zeit ein bestimmtes Netz von Beziehungen zwischen den Gruppenmitgliedern. Es bilden sich Paare, Oppositionen – einige haben viele Kontakte zu anderen Gruppenmitgliedern, andere haben mehr die Position des Außenseiters. Dieses Beziehungsnetz wird zudem – aus dem Blickwinkel der eigenen Interessen und Empfindungen – von jedem Gruppenmitglied anders wahrgenommen. Diese Wahrnehmungen sollen durch die folgende Übung ausgedrückt werden.

Die Gruppenmitglieder stellen sich im Raum auf. Ein Gruppenmitglied beginnt jetzt, den anderen und sich selbst entsprechend der Beziehung der Gruppenmitglieder untereinander einen Platz im Raum zuzuweisen. (Zwei Mitglieder mit einer engen Beziehung werden also nahe zusammen gestellt, Gegner Rücken an Rücken usw.) Dabei soll sich das Gruppenmitglied, welches das Soziogramm herstellt, auch als Bildhauer betätigen. Es darf die anderen Gruppenmitglieder in Haltungen bringen, die etwas Typisches über sie aussagen. (Ein aggressives Gruppenmitglied könnte beispielsweise mit erhobener Faust dargestellt werden. Der Fantasie der Gruppenmitglieder sind bei diesem »Modellieren« keine Grenzen gesetzt!) Dann fährt das nächste Gruppenmitglied fort und verändert das Gruppenbild, wenn es mit dem Vorgefundenen nicht einverstanden ist. Das Ganze muss unbedingt schweigend geschehen. In diesem Gruppenspiel erhält jedes Gruppenmitglied sehr viel Feedback darüber, wie es selbst und seine Stellung zu den anderen in der Gruppe gesehen werden. Auf jeden Fall sollte also genügend Zeit für die nach dem Spiel bestimmt einsetzende Diskussion vorgesehen werden.

Der Schlüssel zu sich selbst

Setzen Sie sich bitte jetzt einmal in eine ruhige Ecke, wo Sie möglichst niemand stört. Schließen Sie die Augen und entspannen Sie sich. Stellen Sie sich vor, Sie wären an einem Ort 1000 Meilen von Menschen und jeglicher Zivilisation entfernt.

Wie fühlen Sie sich? Was sehen Sie? Lassen Sie den Bildern, die jetzt in Ihnen aufsteigen, freien Lauf ...

Denken Sie nun an eine Gruppe, mit der Sie häufig zu tun haben. Stellen Sie sich vor, Sie wären an einem beliebigen Ort und die übrigen Gruppenmitglieder kämen auf Sie zu. Wie kommen die Gruppenmitglieder auf Sie zu? Wie verhalten Sie sich dabei? Versuchen Sie nicht, rational zu überlegen, sondern öffnen Sie sich Ihrer Fantasie ...

Wir sind meistens so sehr damit beschäftigt, unsere Umwelt und andere Menschen wahrzunehmen und auf sie zu reagieren, dass wir ganz vergessen, auf etwas viel Wichtigeres zu achten – auf uns selbst! Wir reden so viel mit anderen, dass uns für einen Dialog mit uns selbst keine Zeit mehr bleibt. Viele unserer zwischenmenschlichen Probleme haben aber ihre Ursache in Konflikten, die in uns selbst liegen. Wenn wir einen Weg zu anderen Menschen finden wollen, müssen wir deshalb zunächst einen Weg in unser Inneres finden.

Wenn wir den Weg zu anderen Menschen finden wollen, müssen wir zuerst einen Weg zu uns finden!

Eine bewährte, aber meist sehr vernachlässigte Methode zur Intensivierung unseres Ich-Bewusstseins besteht darin, sich einmal einfach eine halbe Stunde zurückzuziehen und über seine Erlebnisse und Empfindungen nachzudenken. Sie sollten jeden Tag eine kurze Zeit des Alleinseins nicht nur zur Entspannung benutzen, sondern dazu, sich auf sich selbst zu konzentrieren, auf Ihre Gefühle und Ihre Beziehungen zu anderen Menschen.

W. Schutz beschreibt in seinem Buch »Freude« einige Übungen, die Ihnen helfen sollen, sich selbst besser kennenzulernen und mit sich selbst besser fertig zu werden. Konzentrieren Sie sich bei diesen

Übungen auf sich selbst, auf Ihre Gefühle und auf Ihre Beziehungen zu anderen Menschen. Sie erweitern damit auch Ihr Verständnis für andere.

Übung Fantasie-Duell

Nicht nur Konflikte mit anderen Menschen werden uns zum Problem, sondern auch unsere inneren Konflikte. Der berühmte Esel zwischen den beiden Heuhaufen ist ein Beispiel dafür. Um zu klären, welche psychologischen Elemente an einem solchen inneren Konflikt beteiligt sind, können Sie einmal versuchen, die Bestandteile dieses Konflikts zu personifizieren. Wir wollen dies an einem ganz einfachen Beispiel demonstrieren. Angenommen, Sie haben sich über einen Freund geärgert. Sie möchten ihm das einerseits gern sagen, andererseits wollen Sie aber auch Ihre gute Beziehung nicht unnötig gefährden.

Stellen Sie sich nun vor, in Ihrem Kopf befänden sich zwei Menschen. Der eine rät Ihnen, Ihrem Freund den Grund Ihres Ärgers mitzuteilen, der andere rät Ihnen das Gegenteil.

Malen Sie sich nun eine Diskussion zwischen diesen beiden imaginären Personen aus. Jeder versucht, den anderen zu seiner Auffassung zu bekehren.

Welche Argumente benutzen Sie? Wer behält die Oberhand?

Wenn das Rede-Duell zu keinem Ergebnis führt, lassen Sie die beiden Personen zu einem Ringkampf antreten, und beobachten Sie, was geschieht.

Denken Sie anschließend darüber nach, welche Gedanken und Empfindungen Sie während dieses Duells hatten.

Übung Double

Es ist oft schwierig, das Denken und Erleben anderer Menschen zu verstehen und nachzuempfinden. Was wir von anderen hören, reicht meist nicht aus, um diese wirklich zu verstehen.

Versetzen Sie sich einmal in die Lage eines anderen Menschen, den Sie besser kennenlernen möchten, indem Sie sein Double werden.

Konzentrieren Sie sich darauf, welche Körperhaltung der andere einnimmt, und versuchen Sie, diese bewusst nachzuahmen. Achten Sie auf die Haltung seiner Hände und Füße, auf die Neigung des Kopfes, die Spannung, die sich im Gesicht oder in der Körperhaltung ausdrückt.

Nun versuchen Sie, sich bewusst zu werden, wie Ihnen dabei zumute ist. Es fällt Ihnen dann meist wesentlich leichter, die Empfindungen des anderen zu verstehen. Am besten wäre es natürlich, wenn Sie hinterher mit Ihrem »Vorbild« darüber sprechen.

Übung Analogien bilden

Vergleiche helfen uns oft, Dinge besser zu beschreiben und zu begreifen. Ein ähnliches Verfahren können wir auch bei Menschen anwenden.

Versuchen Sie, sich das Wesen eines anderen Menschen klarzumachen, indem Sie sich fragen: »Womit hat er Ähnlichkeit? Woran erinnert er mich?«

Lassen Sie Ihrer Fantasie dabei freien Lauf! Sie können sich zum Beispiel fragen: »Wenn dieser Mensch eine Farbe wäre, welche Farbe würde er dann sein?« oder »Welche Art Nahrungsmittel wäre er?« oder »Was für ein Möbelstück? Was für ein Tier?« oder »Welcher Geruch würde zu ihm passen?« oder »In welcher Zeit müsste er eigentlich leben?«

Auch über sich selbst können Sie auf diese Weise neue Erkenntnisse gewinnen. Die am Anfang dieses Abschnitts geschilderten Fantasien können Ihnen helfen, sich selbst besser zu erkennen.

Sind Sie wirklich gern allein? Welches Verhältnis haben Sie zu einer bestimmten Gruppe? Sie haben zahllose Möglichkeiten, sich bestimmte Situationen auszudenken und diese in Ihrer Fantasie zu erleben.

LITERATUR ZU DIESEM KAPITEL
J. Fast, Körpersprache
W. Schutz, Freude

13 Gespielte Wirklichkeit

„Der sich entwickelnde Mensch, der Primitive und das Kind versuchen, sich erfolgreich mit der Wirklichkeit auseinanderzusetzen, indem sie Modelle von den Dingen, die sie für wichtig halten, herstellen."

Mit dieser Bemerkung leitet Clark Abt sein Buch über Planspiele ein. Auch durchaus ernst zu nehmende Männer der Geschichte haben sich mit »Sandkastenspielen« beschäftigt. Die Militärgeschichte bietet ein gutes Beispiel dafür. Das Spiel ist eben »ein weites Feld für eine risikolose aktive Erkundung ernster theoretischer und gesellschaftlicher Probleme« (C. Abt). Es ist tatsächlich »gespielte Wirklichkeit«.

Schauen wir uns einmal ein gesellschaftliches Problem an, mit dem wohl die meisten von uns unmittelbar in Berührung kommen: das Problem der Beziehungen zu unseren Kollegen am Arbeitsplatz. Zwischen den Angehörigen eines Sozialverbandes (z. B. einer Betriebsorganisation) haben alle Sachbeziehungen auch eine soziale Dimension. So wird z. B. die arbeitsteilige »Sachstruktur« (die sogenannte »Betriebshierarchie«) zu einer »Herrschaftsstruktur« und die zunächst wertfreie »Funktionsteilung« zu einer mit niedrigem oder hohem Ansehen verbundenen »Sozial-« oder »Klassenschichtung«. Die vertikale und horizontale Teilung von Funktionen in einer Organisation ist also nicht sozial neutral, sondern besitzt eine hohe soziale Bedeutung.

Moderne Organisationen sind zwar bemüht, die Personalorganisation weniger statisch hierarchisch als mehr vom Ablauf der Problemlösungsprozesse her zu sehen. Bei der Verteilung von Kompetenzen und Aufgaben wird also immer weniger vom »klaren Befehlsweg« als von den sachlichen Bedingungen für eine befriedigende Lösung ausgegangen.

Gerade eine solche »moderne« Form der Zusammenarbeit quer durch alle Rangstufen einer Organisation verursacht zwangsläufig auch Konflikte: Die heutigen umfangreichen und damit komplizierten Organisationsstrukturen machen klare Kompetenz- und Sachabgrenzungen notwendig.

Damit ist aber die Tendenz verbunden, dass sich in solchen Organisationen ein ziemlich starres Muster vorgeschriebener Verhaltensweisen und damit Rollendefinitionen für die Inhaber der verschiedenen Positionen und Aufgaben herausbildet. Gerade dieses starre Muster erschwert es nun den Positionsinhabern, in unkonventioneller und kreativer Weise Probleme zu lösen, die intensive Zusammenarbeit erfordern: Ein Großunternehmen muss also beispielsweise eine komplizierte Organisation haben, um seine Ziele erreichen zu können. Gerade dies schafft wieder Probleme der Koordination, welche die Zielerreichung mehr oder weniger erschweren.

Starre Verhaltensmuster erschweren kreative Problemlösungen in Organisationen.

Hier sind Planspiele hervorragend in der Lage, nicht nur das Bewusstsein für solche Probleme zu wecken, sondern in konkreten Entscheidungssituationen – in der Nachbildung der Realität – diese unmittelbar erfahrbar zu machen.

Das Scheitern an einer Aufgabe wird oft nicht durch falsche Entscheidungen verursacht, sondern durch falsche Entscheidungs*verläufe*. Im Alltag werden solche Prozesse oft nicht unmittelbar sichtbar. Der Zeitraffer des Planspiels ist aber hervorragend geeignet, diese Vorgänge deutlich zu machen.

Manche Misserfolge demokratischer Führungsformen sollten daher die Betroffenen nicht veranlassen, wieder zu den alten Methoden zurückzukehren, sondern sich zu überlegen, dass auch Demokratie geübt werden muss!

Das gilt für einen Staat ebenso wie für ein Unternehmen oder einen Verein. Planspiele sollten daher nicht nur herangezogen werden, um den Spielern die sachlichen Auswirkungen ihrer Entscheidungen deutlich zu machen, sondern auch, um wirkungsvolle Kooperationsformen im Team zu erproben und einzuüben.

Mit dem gleichzeitigen Zwang zum Wettbewerb und zur Kooperation werden den Spielteilnehmern aber nicht nur Einsichten in entscheidungsrelevante Gruppenprozesse vermittelt. Im Spiegel des eigenen und des »gegnerischen« Teams wird der Spielteilnehmer auch mit sich selbst und den Auswirkungen seines Verhaltensstils konfrontiert. In einem Bericht formulierte dies ein Teilnehmer so: »Es wurde so lange diskutiert, bis man sich einig war. Man lernt dadurch, in welche Situationen man gerät, auch – und gerade – untereinander. Man sieht, da man ja gezwungen ist, eine Entscheidung zu fällen, was in einen Entscheidungsprozess alles mit hineinspielt. Es wirken nicht nur die Argumente, die Sachkenntnis. Vor allem spielt die Persönlichkeit des Einzelnen eine sehr starke Rolle. Wer kann sich durchsetzen, wer kann sich nicht durchsetzen. *Wir haben uns daher sehr gut kennengelernt.* «

Mit Planspielen kann effiziente Kooperation erprobt werden.

Der Einsatz von Planspielen bietet eine Fülle von Möglichkeiten des Einübens von Entscheidungen, des Teamtrainings und der Verbesserung des Gruppenklimas:

- Die Zeitkompression im Planspiel bedeutet eine Erlebnis- bzw. Erfahrungskompression und damit die Simulation eines Entscheidungs- und Ergebnistrends in einer Dichte, der die komplexen Elemente von Entscheidungsprozessen in einem Maße bewusst macht, wie es im Stress des Alltags nie erreicht werden kann.
- Die simulierte Entscheidungssituation macht Zusammenhänge direkt überschaubar und erfahrbar. Die Spielaufgabe gibt dabei den Beteiligten keine Entlastungs- oder Ausfluchtmöglichkeiten aus den von ihnen herbeigeführten Folgen ihrer Entscheidungen.
- Eine rein verbale Darstellung sozialer Phänomene bei Entscheidungsprozessen kann diese für die Betroffenen nicht erlebbar machen. Ein Simulationsspiel bietet dagegen durch

das eigene Erleben einen weit besseren Reflexionsansatz als nur theoretische Erörterungen.

● Verbunden damit vollzieht sich wie in einem Zeitraffer der Prozess der Organisation einer Zusammenarbeit im Team. Das durch die Eigenaktivität bedingte starke Engagement der Teilnehmer zusammen mit dem kompetitiven Charakter des Planspiels führt dabei zu einer intensiven Kooperation und Entwicklung von Teamgeist, mit dem Effekt der gegenseitigen Erziehung und der Selbstkorrektur durch den Gruppenprozess und die Gruppenteilnehmer.

Oft wird die Ansicht vertreten, dass ein Planspiel nur sinnvoll sei, wenn es möglichst genau alle Momente der Realität wiedergäbe. Viele Planspiele werden daher heute mithilfe von Computern gespielt, die eine Vielzahl von sachlichen Daten und Zusammenhängen erfassen und in Sekundenschnelle angeben können, wie bestimmte Entscheidungen das in den Computer eingegebene »Modell der Realität« verändern.

Dagegen sind aber die vielfältigen Anwendungsmöglichkeiten sogenannter »offener« Planspiele noch viel zu wenig bekannt. Grundlage eines solchen Planspiels ist nicht ein quantitativ (zahlenmäßig) formuliertes Umweltmodell, sondern ein qualitatives Konfliktmodell.

Für diese Spiele benötigt man lediglich die genaue Darstellung der Konfliktsituation. Jedem Spieler wird eine einfache Spielanweisung zur Verfügung gestellt, die seine Position im Spiel und die damit verbundenen Ziele, Wertsetzungen, Kenntnisse und Informationen über die Ausgangslage (Umweltbedingungen) festlegt.

Formulierungen und Ausgestaltungen wirklichkeitsnaher Konfliktsituationen können ohne großen Arbeitsaufwand erstellt werden. Als Beispiele seien hier genannt:

Tarifverhandlungen mit Gewerkschaften – Bau eines Schwimmbades für eine Gemeinde – Konflikt zwischen Eltern und Lehrern einer Schule in einer Disziplinarfrage.

»Offene« Planspiele bieten sogar einen wesentlichen Vorteil gegenüber den geschlossenen Modellen: die Möglichkeit, nicht nur

Wirklichkeit, sondern auch Zukunft zu simulieren. Sie bieten z. B. die Möglichkeit, neue Organisationsmodelle gefahrlos zu simulieren und deren mögliche Auswirkungen zu überprüfen, bevor sie in der Realität schwer korrigierbar geworden sind. Auch die positiven Motivationswirkungen, die durch das vorherige Durchspielen der Veränderungen durch die Betroffenen entstehen, sind für die spätere Durchsetzbarkeit und Effizienz neuer Maßnahmen nicht zu unterschätzen.

Offene Planspiele simulieren gefahrlos neue Modelle der Organisation.

Planspiele können also ein Mittel sein, die Zuverlässigkeit von Planungen erheblich zu steigern und ihre Auswirkungen im Modell zu überprüfen – besonders dann, wenn eingehende Problemanalysen entweder zu langwierig oder zu kostspielig sind.

Ein »Durchspielen« eines Problems mit verteilten Rollen ist sogar manchmal die einzige Möglichkeit, eine schwer abschätzbare Situation in den Griff zu bekommen. Als positiver Nebeneffekt dürfte dabei auch das gesteigerte Verständnis für die Situation des »Gegners« zu werten sein: durch den Zwang nämlich, im Spiel dessen Rolle übernehmen zu müssen. Als Anregung sei hier nur einmal vorgeschlagen, dass die Ressortleiter eines Unternehmens die Aufgaben ihrer Kollegen der anderen Sparte übernehmen müssen, dass sich also zum Beispiel der Verkaufsleiter in einem Planspiel um die Finanzen kümmern muss.

Wichtige Entscheidungen sind meist nicht nur in ihren Auswirkungen schwer abzuschätzen, sondern vor allen Dingen kurzfristig nicht mehr zu korrigieren, sodass man die Relevanz dieser Entscheidungen nicht erst an der Realität prüfen sollte, wenn es meist zu spät für entscheidende Änderungen ist und Konflikte sich festgefahren haben.

Der Gewinn liegt in oft überraschenden Einsichten der an einem solchen Spiel Beteiligten: Ein sozialpolitisch engagierter Verein spielte beispielsweise einmal den Bau einer Siedlung für Immigranten durch. Beteiligte Gruppen waren das Architektenteam, Stadtplaner, Bürger, Sozialpolitiker und die Gruppe der Immigranten. Alle Beteiligten redeten sich während des Spiels die Köpfe heiß, bis man endlich zu einer Entscheidung über die geplante Siedlung kam und schließlich beschämt feststellen musste, dass man während der ganzen Planungsperiode versäumt hatte, die Immigranten selbst zu ihren Vorstellungen über die geplante Siedlung zu befragen. Damit sollte endgültig klar geworden sein, wie wirklichkeitsnah ein solches Planspiel sein kann.

Operation Vorstadt

»Operation Vorstadt« ist ein aufregendes Planspiel, das sich auch gut als Gesellschaftsspiel eignet. (Das Spiel wurde dem Buch von Michael Birkenbihl, »Kleines Arbeitshandbuch für Ausbilder und Dozenten«, entnommen.)

Spiel Sie können das Spiel beliebig abwandeln und neue Regeln hinzufügen. Nur das Grundproblem dieses Spiels sollte erhalten bleiben:

Die beteiligten vier Parteien können in diesem Spiel zwar kooperieren und Absprachen treffen, aber nur zwei Parteien können gewinnen, d. h. die gestellte Aufgabe lösen.

Für die Durchführung des Spiels benötigen Sie einen großen Raum oder mehrere Räume, damit die einzelnen Teams räumlich isoliert voneinander ihre Entscheidungen treffen können. Es gibt nur zwei Regeln in diesem Spiel:

1. Jedes Team muss alle Planungen und Entscheidungen in einem chronologisch geführten »Geschäftstagebuch« festhalten.

2. Alle getätigten Grundstückskäufe, -verkäufe oder Tauschaktionen müssen an das »Grundbuchamt« (den Spielleiter) gemeldet werden.

Anweisungen für Team A

Sie gehören zum Management der Firma Police-Bau AG. Der Police-Bau AG gehören in dem aufgezeichneten Vorstadtbezirk die Grundstücke **A1**, **C4**, **D1** und **D2** [siehe Abbildungen auf Seite 197].

Ihre Firma möchte im Bezirk gern vier zusammenhängende Grundstücke erwerben, um darauf eine Wohnsiedlung zu errichten. Die Lage des Grundstückes ist Ihnen nicht so wichtig, es soll aber die Form eines Rechtecks haben.

Ihre Firma hat keine flüssigen Mittel zur Verfügung, um damit irgendwelche Grundstückskäufe zu tätigen. Das vorhandene Kapital müssen Sie für den Bau der neu zu errichtenden Wohnsiedlung verwenden. Sie hoffen aber, durch den Verkauf eines Ihnen gehörenden Grundstücks das nötige Geld beschaffen zu können.

Die einzelnen Grundstücke haben im Augenblick noch einen Wert von ca. EUR 100.000.

Anweisungen für Team B

Sie gehören zum Management der Firma Turbinen-Union. Ihrer Firma gehören die Grundstücke **A3**, **B1**, **C1** und **C2** in dem aufgezeichneten Vorstadtbezirk. Ihre Fabrikationsstätte befindet sich auf dem Grundstück **A3**. Infolge der anhaltend guten Absatzlage müssen Sie Ihr Werk erweitern. Sie wollen daher drei weitere Parzellen erwerben, die an Ihr Grundstück angrenzen, und Ihren Betrieb an ein Industriegleis anschließen.

Ihre Finanzlage ist folgendermaßen: Sie haben zurzeit für Grundstückstransaktionen EUR 140.000 an flüssigen Mitteln zur Verfügung, möchten diesen Betrag jedoch lieber für den Ausbau Ihrer Fabrik verwenden.

Der Preis eines Grundstücks im ausgezeichneten Vorstadtbezirk liegt zurzeit bei EUR 100.000.

Anweisungen für Team C

Sie gehören zum Management der Firma Sparkauf-Großmarkt. Ihrer Firma gehören die Grundstücke **B2**, **C3**, **D3** und **A4** im aufgezeichneten Vorstadtbezirk.

Ihre Firma plant, im Bezirk ein modernes Einkaufszentrum zu errichten. Das Einkaufszentrum soll in der Mitte einer viereckigen Fläche stehen, um auf allen Seiten des Gebäudekomplexes geräumige Parkplätze für Ihre Kunden einrichten zu können. Sie möchten daher gerne die Grundstücke **B2**, **B3**, **C2** und **C3** als zusammenhängendes Areal in Ihren Besitz bringen.

Durch Ihre guten Beziehungen zum Planungsamt der Stadt wissen Sie, dass in naher Zukunft durch den Bezirk eine neue Schnellstraße gebaut werden soll. Der genaue Verlauf der Straße ist aber noch nicht bekannt.

Ihre flüssigen Mittel betragen zurzeit EUR 100.000.

Ihre Grundstücke in dem aufgezeichneten Gebiet haben zurzeit einen Wert von EUR 100.000.

Team A

A1	A2	A3	A4
B1	B2	B3	B4
C1	C2	C3	C4
D1	D2	D3	D4

Team B

A1	A2	A3	A4
B1	B2	B3	B4
C1	C2	C3	C4
D1	D2	D3	D4

Team C

A1	A2	A3	A4
B1	B2	B3	B4
C1	C2	C3	C4
D1	D2	D3	D4

Team D

A1	A2	A3	A4
B1	B2	B3	B4
C1	C2	C3	C4
D1	D2	D3	D4

ANWEISUNGEN FÜR TEAM D

Sie gehören zum Management der Firma Immobilien-Schmidt. Ihre Firma hat vor einiger Zeit aus Spekulationsgründen einige Grundstücke im aufgezeichneten Vorstadtbezirk erworben. Ihnen gehören die Grundstücke **B3**, **B4**, **D4** und **A2**. Es ist sicher, dass die Bodenpreise in diesem Bezirk durch die zunehmende Ausdehnung und Industrialisierung der Stadt in nächster Zukunft erheblich steigen werden.

In naher Zukunft soll durch das Gebiet eine neue Schnellstraße gebaut werden.

Dies hat sich bis jetzt noch nicht herumgesprochen. Sie möchten möglichst schnell die Grundstücke **A4**, **B4**, **C4** und **D4** besitzen, weil Sie den Streifen in der Mitte dieser Grundstücke als Trasse für die neue Schnellstraße an die Stadt verkaufen wollen. Durch die neue Straße würden die rechts und links verbleibenden Grundstücksstreifen erheblich im Wert steigen.

Sie müssen möglichst schnell handeln, bevor sich die Nachricht von der geplanten Straße herumspricht und die Grundstücke zu dem jetzigen, relativ günstigen Preis nicht mehr zu bekommen sind.

Ihnen ist zu Ohren gekommen, dass die Firma Turbinen-Union ebenfalls in dieser Gegend Grundstücke erwerben will, um ihre Fabrikanlagen zu erweitern.

Die einzelnen Grundstücke werden zurzeit mit etwa EUR 100.000 gehandelt. Für Landkäufe stehen Ihnen im Augenblick EUR 200.000 zur Verfügung.

Im folgenden Abschnitt finden Sie Hinweise zur Diskussion und Auswertung des Planspiels.

Wie wertet man ein Planspiel aus?

Die vielfältigen Effekte eines Planspiels können nur dann optimal ausgenutzt werden, wenn sich die Spielteams im Anschluss an eine Spielphase nicht nur zusammensetzen, um über die sachlichen Ursachen und Ergebnisse ihrer Entscheidungen zu beraten. Auch der Verlauf des Entscheidungsprozesses selbst und vor allem die Rolle, welche die einzelnen Teammitglieder hierbei gespielt haben, sollten einer eingehenden Analyse unterzogen werden.

Nicht nur das Ergebnis, auch der Entscheidungsprozess muss analysiert werden!

Auch wenn sich die Rollenverteilung in der Gruppe unbewusst vollzogen hat, stellt sich hinterher heraus, dass im Verlauf der Zusammenarbeit nicht nur ganz bestimmte sachliche Aufgabenverteilungen vollzogen wurden. In der Interaktion zwischen den Spielern spielen auch psychologische und soziale Faktoren mit, die sich z. B. in Form von Statusproblemen, Führungsansprüchen, Kompetenzkonflikten usw. störend äußern können.

Hier ist ein gehöriges Maß kritischer, vor allem selbstkritischer Offenheit unter den Teilnehmern erforderlich, um diese Probleme, die eventuell eine optimale Entscheidung verhindert haben, besprechen zu können.

Zunächst sollte man sich natürlich auch ein paar sachliche Schlüsselfragen stellen:

- Welche Entscheidungen wurden getroffen? Welche unmittelbar sichtbaren Auswirkungen hatten diese Entscheidungen?
- Welchen sachlichen Beschränkungen fühlten sich die Spieler unterworfen? Was beeinflusste die getroffenen Entscheidungen?
- Was haben die Spieler gelernt? Was haben sie ihrer Meinung nach falsch gemacht? Welchen Weg würden sie eventuell beim nächsten Mal einschlagen?
- Wie sehr näherte sich die Spielsituation der Realität? Welche Unklarheiten traten im Spiel auf?

Fast noch wichtiger als diese Fragen ist jedoch für das Team die Analyse des Interaktionsprozesses zwischen den Spielern:

- Welchen persönlichen Einschränkungen und Behinderungen
  fühlten sich die einzelnen Teilnehmer durch ihre Mitspieler
  unterworfen? Welche persönlichen Reaktionen haben die Spieler
  im Rahmen des Spiels gegeneinander gezeigt?
- Verlief die Zusammenarbeit in den Bereichen Zielbezogenheit,
  Führung, Entscheidungsfreude, gegenseitige Information,
  Bereitwilligkeit zur Zusammenarbeit usw. befriedigend?
- Gab es persönliche Aggressionen oder unsachliche Kritik
  zwischen einzelnen Spielern? Wenn ja, warum?
- Gab die Gruppe jedem Teilnehmer genügend Gelegenheit, seine
  Erfahrungen und Informationen in den Entscheidungsprozess
  einzubringen? Herrschte untereinander das notwendige Maß an
  Offenheit, Vertrauen und Hilfsbereitschaft?

Mit diesen Fragen kommt man schon in den Bereich der persönlichen
Beurteilung jedes einzelnen Teammitglieds. Folgende Fragen sind
hier möglich:

- Wie oft wurde zu einem Problem die Meinung der Mitspieler
  eingeholt? Wie oft wurde auf deren Anregungen und Einwände
  sachlich eingegangen?
- Wurde Kritik an den Mitspielern sachlich vorgetragen? War die
  Argumentation überwiegend sachbezogen?
- Wurde das Bedürfnis der übrigen Spieler nach Initiative und
  Anerkennung ihres Beitrages respektiert? Wie gut ist die Fähigkeit
  des Zuhörens ausgebildet?
- Wurde versucht, eigene Fehler auf andere abzuwälzen? Wurde
  versucht, egoistisch die eigenen Interessen durchzusetzen? Wie
  oft wurde der Gruppenbezug – z. B. durch die Formel »Wir
  sollten ...« – hergestellt?

Diese Fragen dürften genug »Zündstoff« für eine fruchtbare Diskussion enthalten und dazu beitragen, die Erkenntnisse aus der »gespiel-
ten Wirklichkeit« auf die täglich gelebte Realität zu übertragen.

Spielregeln in Gruppen

> *„Dass der Mensch willens und fähig wird,*
> *sich in seine Rolle zu fügen, dafür sorgt der Prozess*
> *der Sozialisation, in dem wir lernen, zu wollen, was wir*
> *sollen, und es schließlich tun, ohne es zu merken …"*
> H. Popitz

Es wurde schon darüber gesprochen, dass sich in einer Gruppe ein Normensystem entwickelt, welches das Verhalten der Gruppenmitglieder unbewusst steuert. Daneben gibt es aber noch ein anderes System, welches mindestens ebenso wirksam ist.

Vielleicht haben Sie diese Erfahrung schon in unserem Planspiel »Operation Vorstadt« gemacht: Kaum ist Herr Müller, der bisher fast gar nicht aufgefallen war, vom Spielteam zum »Finanzchef« ernannt worden, ändert sich sein Verhalten schlagartig. Er mahnt vor Liquiditätsschwierigkeiten, versucht, dem »Firmenchef« hineinzureden, mit einem Wort, er ist wie umgewandelt.

Wer glaubt, ein Rollenspiel finde nur auf der Bühne statt, der irrt gründlich. Fast in jeder Situation unseres Alltags handeln wir nach gewissen Spielregeln. Wir brauchen darüber nicht viel nachzudenken, die Gesellschaft hat sich schon um die Festlegung der Vorschriften gekümmert. Für den Pfarrer, den Bankbeamten am Schalter, den Lehrer – für alle stehen gewisse Verhaltensweisen bereit, und man erwartet, dass sie »nicht aus der Rolle fallen«.

Statusprobleme, Führungsansprüche und Kompetenzkonflikte sind störende Faktoren im Entscheidungsprozess.

   Wir vergessen leicht, wie weitgehend die Verhaltensweisen in unserem täglichen Umgang festgelegt sind und dass wir die an uns gestellten Erwartungen zwanglos befolgen. K. Hinst nennt das Beispiel vom Standesbeamten: Eben noch ungezwungen und ausgelassen in seiner Rolle als »Freizeitgestalter«, verwandelt er sich im Amt in einen ernsten und würdevollen Beamten, gerade so, wie ein Standesbeamter unserer Meinung nach sein soll. Ein Rollentausch würde geradezu lächerlich wirken: Weder passt Würde ins Schwimmbad noch wird Ungezwungenheit auf dem Standesamt erwartet.

Wir lieben die unterschiedlichen Rollen, die wir täglich spielen müssen, nicht alle im gleichen Maße. Das zeigt sich z. B. in dem Chef, der sich vor Entscheidungen drückt, weil er unbewusst seine Rolle ablehnt.

Welche Rollen übernehmen wir gern in Gruppen, welche lehnen wir unbewusst ab? Welche Erwartungen an uns selbst beeinflussen also unser Verhalten in Gruppen?

Dass wir uns überhaupt verpflichtet fühlen, gesellschaftlichen Rollenerwartungen (sowohl bevorzugten als auch abzulehnenden) zu entsprechen – das wird entscheidend durch unseren Sozialisationsprozess bestimmt.

Schon der Säugling macht die für ihn wichtigste Erfahrung seiner absoluten Abhängigkeit von der Mutter. Da er seine Bedürfnisse befriedigen muss, lernt er als eine der ersten Reaktionen seines Lebens, sich anzupassen. Auch später lernen das Kind und dann der Erwachsene, dass man sich vielfältigen Forderungen unterwerfen muss, wenn man nicht ausgestoßen werden will. Zwang zur Anpassung und Angst vor dem Ausgestoßenwerden – das sind zwei Ur-Empfindungen, die den Menschen bis an sein Lebensende stark, wenn auch unbewusst, beherrschen.

Damit aber der Zwang zur Anpassung nicht als solcher empfunden wird, gibt es den Mechanismus der »Identifikation«: Ich identifiziere mich mit den Forderungen der Gesellschaft, und durch die »freiwillige« Übernahme von Ge- und Verboten aller Art einschließlich sozialer Normen und Rollenvorschriften baue ich gleichzeitig meine eigene **Identität** auf.

Ich entwickle also meine Persönlichkeit in einem dauernden Prozess verschiedener Identifikationen. Träger dieser Identifikationen sind meine Beziehungen zu anderen Menschen. Je nachdem, ob diese Beziehung positiv oder negativ verlaufen ist, sieht auch das Muster meiner eigenen Normen und Rollenvorschriften an mich selbst aus.

Die Summe solch positiver oder negativer Objektbeziehungen eines Menschen nennt man seine »psychosoziale« Vorstruktur. Um das Verhalten eines Menschen besser zu verstehen, kann man in einem »Beziehungsraster« die Art seiner Objektbeziehungen darstellen.

Ein Beispiel für ein solches Raster zeigt die folgende Abbildung:

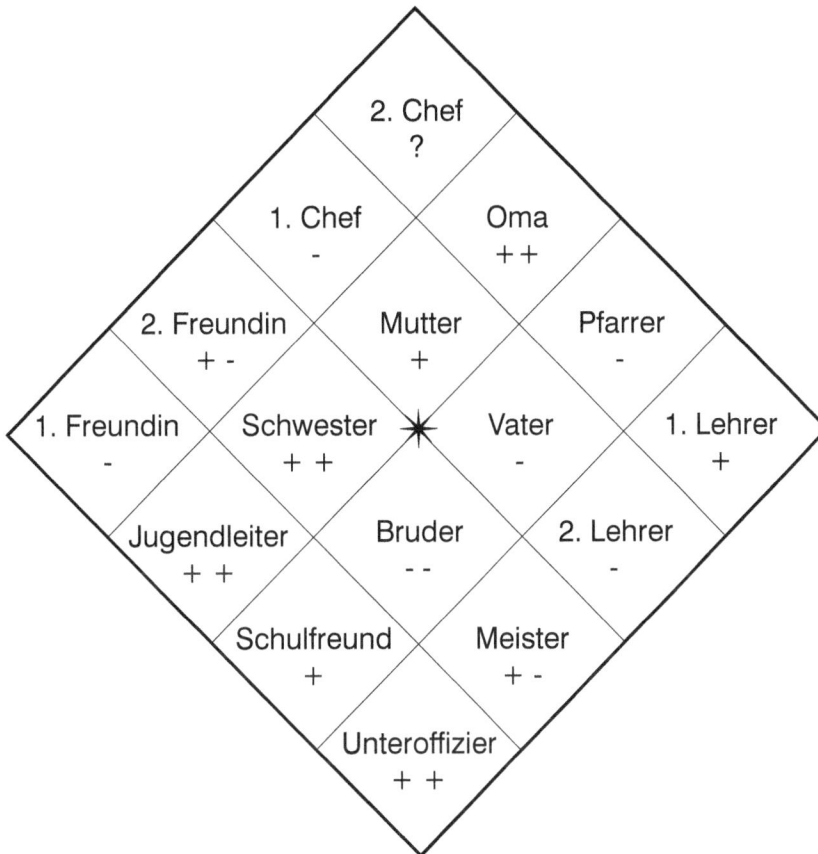

```
                        2. Chef
                          ?

                1. Chef          Oma
                   -             + +

        2. Freundin      Mutter       Pfarrer
           + -             +              -

1. Freundin      Schwester  ✳  Vater        1. Lehrer
    -              + +           -               +

        Jugendleiter      Bruder      2. Lehrer
           + +             - -             -

                Schulfreund      Meister
                    +             + -

                        Unteroffizier
                           + +
```

Übung Versuchen auch Sie einmal, ein solches Raster für sich selbst zu zeichnen!

LITERATUR ZU DIESEM KAPITEL
C. Abt, Ernste Spiele
M. Birkenbihl, S. 40 ff, S. 119 ff
K. Hinst, S. 42 ff
A. Oldendorff, S. 70 ff
W. Rohn: Führungsentscheidungen im Unternehmensplanspiel

14 Lernen und Arbeiten in Gruppen

„Ich habe meine Vorurteile –
verwirren Sie mich nicht durch Tatsachen!"

Dieser nette Satz kennzeichnet wohl treffend die Probleme, wenn in Lern- oder Arbeitsgruppen etwas Neues durchgesetzt werden soll. Wenn wir anderen etwas beibringen wollen, begegnen wir meist »gesundem Misstrauen«. Viele sind so überzeugt von der Qualität ihrer Erfahrungen, dass sie glauben, auch ohne neue Erkenntnisse auskommen zu können. Wie der glückliche Tausendfüßler glauben diese Menschen, unbeirrt ihren Weg gehen zu können, ohne darüber nachdenken zu müssen, welchen Fuß sie als nächsten gebrauchen sollen. Es ist oft schwierig, ihnen klar zu machen, dass ein Tausendfüßler ohne Erkenntnisse vielleicht vollkommen glücklich sein kann – aber dieser beschränkt sich darauf, sein Leben lang unter Steinen herumzukrabbeln.

Leider ist die Vorstellung noch allzu verbreitet, dass man etwa durch einen dreistündigen Vortrag tiefgründige Einsichten bei Teilnehmern einer Lern- oder Arbeitsgruppe vermitteln kann, die beispielsweise aus autoritären Eltern Musterbeispiele für nicht-autoritäre Erziehungsmethoden machen. Selbst wenn es gelingt, gewisse Überzeugungen zu ändern, bedeuten Einsichten noch lange nicht verbessertes Verhalten – das wird jedem schmerzlich klar, der einmal den Versuch gemacht hat, das Rauchen aufzugeben.

Diese moderne Definition des Lernens muss man nicht unbedingt auswendig wissen. Wesentlich ist dabei nur die Erkenntnis: Lernen bedeutet in jedem Fall Verhaltensänderung. Grundsätzlich muss daher eine moderne Lernmethode alle drei Bereiche des menschlichen Verhaltens beeinflussen: *Wissen – Wollen – Können.*

Und Wollen und Können lassen sich eben nicht nur durch sanfte Überredung beeinflussen. »Das haben wir bisher immer so gemacht!« – »In der Praxis ist alles ganz anders!« – diese und ähnliche typischen Einwände bilden das mehr oder minder lautstarke Begleitkonzert fast jeder Veranstaltung, in der neue Erkenntnisse vermittelt werden sollen.

Und wohl jeden Ehemann erinnern solche Argumente fatal an seine oft fruchtlosen Bemühungen, seiner verehrten Gefährtin die doch so offensichtlichen Vorteile einer neuen Küchenmaschine zu erläutern – Vorteile, die bei etwas rationaler Überlegung sofort einsichtig sein müssten. Und dennoch verschwindet der neue Mixer bald in der Schublade, und der Handquirl behauptet seine traditionelle Stellung beim Kuchenrühren. Lernen, das Aneignen neuer Einsichten und Verhaltensweisen, ist eben nicht nur ein rationaler Vorgang, sondern berührt immer auch emotionale Schichten des Lernenden.

Dass der Mensch ein Gewohnheitstier ist, ist nicht nur bedauerlich, sondern auch eine Tatsache, die für den Menschen (über)lebensnotwendig ist.

Wenn Egon Meier um 8 Uhr 15 mit dem üblichen »Guten Morgen« sein Büro betritt, dann kann er von seinen Kollegen fast mit Sicherheit erwarten, dass diese ihn auch mit diesem Gruß und nicht etwa zähnefletschend mit dem Messer in der Hand empfangen werden. Dieses Beispiel erscheint zunächst etwas bizarr, macht aber doch deutlich, dass wir unbewusst nach der (meist richtigen) Annahme handeln, dass unsere Umwelt und unsere Mitmenschen sich vorwiegend nach vorhersagbaren Mustern verhalten: Unser Unterbewusstsein hat das Bild einer »heilen Welt« und nicht das Bild des Chaos gespeichert.

Das heißt aber auch, dass durch jede neue Lernerfahrung dieses in uns vorhandene Bild oder Raster unserer Umwelt geändert wird. Die neue Erfahrung ordnet sich im alten Erfahrungsraster ein, verändert dieses dabei aber gleichzeitig.

»Unser Charakter ist die Summe unserer Erfahrungen.« Macht man sich die Bedeutung dieses Satzes klar, so wird verständlich, warum die Tiefenpsychologen sagen, dass jede neue Lernerfahrung in

uns eine sogenannte »Identitätskrise« erzeugt: Mit unserem Erfahrungsraster verändert sich gleichzeitig unser Persönlichkeitsraster.
Und da ein relativ stabiles Raster eben lebensnotwen-
dig ist, macht unser Unterbewusstsein zunächst den
(oft erfolgreichen) Versuch, neue Erfahrungen einfach
zu verdrängen: »Ich habe meine Vorurteile ...« – siehe
oben!

*Neue Erfahrungen werden
gern verdrängt!*

Bei jedem Lernvorgang werden eben auch affektive Abwehrreaktionen ausgelöst – deshalb muss man die Wirksamkeit konservativer
Schulungsmethoden, die sich meist mit dem »Gesagten« in Form
eines Vortrags begnügen, erheblich anzweifeln. Experimente haben
bewiesen: Lediglich zehn Prozent des nur Gehörten wird langfristig
behalten, bei noch weniger davon besteht Hoffnung, dass dieses auf-
genommene neue Wissen auch zu neuem Verhalten führt!

Das Problem der affektiven, unbewussten Lernwiderstände macht
es notwendig, einen anderen Bereich des Lernens ins Auge zu fassen,
der oft zu wenig beachtet wird: die Motivation des Lernenden, also
sein »Wollen«.

Wir haben gesehen, wie stark der unbewusste Zwang ist, der
den Menschen zunächst daran hindert, sich mit neuen und unge-
wohnten Dingen auseinanderzusetzen. Eine moderne Schulungs-
methode muss daher einen entsprechenden »Gegendruck« erzeugen, um in die Festung »Das haben wir bisher immer so gemacht«
eindringen zu können.

Die Verhaltensforschung hat inzwischen das soziale Phänomen des
Gruppendrucks als wirksames Motivationsinstrument bei Lernpro-
zessen eingehend untersucht. Der Lehrer oder Ausbilder, der weiß,
dass ein erhobener Zeigefinger höchstens für zehn Minuten eine
noch so willige Zuhörerschaft fesseln kann, hält sich
also folgerichtig auch nur höchstens zehn Minuten mit
einem Vortrag auf. Danach beginnt er konsequent mit
der Methode der Gruppenarbeit: Die Arbeitsgruppen
(ideale Größe vier bis fünf Teilnehmer) bearbeiten ein konkretes
Problem aus ihrer Praxis (die Fallstudie) und müssen gemeinsam Lösungsvorschläge finden.

*Gruppendruck unterstützt
Lernprozesse*

Die Bearbeitung in Gruppen hat dabei folgende Vorteile: Einmal sorgen gruppendynamische Prozesse zwangsläufig dafür, dass die Selbstzufriedenen, die glauben, schon alles zu wissen, wirksam eine Entzerrung ihres Eigenbildes durch die anderen Gruppenmitglieder erfahren.

Nur durch Gruppenarbeit wird es auch möglich, dass sich jeder sofort und vor allem aktiv mit neuen Erkenntnissen auseinandersetzen kann. Eine selbst erarbeitete Einsicht wirkt nicht nur stärker motivierend, sondern wird auch wesentlich besser behalten als alle »goldenen Worte« eines Vortrags.

VORTEILE DER GRUPPENARBEIT

- gesteigerte Aufnahmebereitschaft für neue Informationen durch »Gruppendruck«

- bessere Motivation durch aktives Erarbeiten des Lerninhalts

- Identifikation mit selbst erarbeiteten Lerninhalten

- Erlernen kooperativer Arbeitsformen in der Gruppe

- bessere Kontrolle des Gelernten (»Keiner weiß so viel wie alle!«)

Turmbau

In einer Lern- oder Arbeitsgruppe verhalten sich nicht alle Gruppenmitglieder gleich in ihrer Art, wie sie Probleme angehen und lösen. Es gibt den dynamischen Typ, der am liebsten alles allein machen möchte, den intellektuellen, der mehr die Beraterfunktion übernimmt, den Mitläufer und das Mauerblümchen, das sich in den Schmollwinkel zurückzieht, wenn es nicht beachtet wird.

Diese Verhaltensweisen beeinflussen erheblich die Art, wie in einer Gruppe Arbeitsaufgaben gelöst werden. Deshalb ist es wichtig, dass eine Gruppe die typischen Verhaltensweisen ihrer Gruppenmitglieder kennenlernt. Wenn die Gruppe eine wichtige Aufgabe lösen muss, ist aber meist der damit verbundene Stress so groß, dass sie keine Zeit hat, sich neben dem *Was* noch darüber Gedanken zu machen, *wie* sie zusammenarbeitet.

Spiel Bei dieser Spielaufgabe werden Sie sich genauso wie bei einer Arbeitsaufgabe im Ernstfall verhalten. Anschließend sagen wir Ihnen, wie Sie das Spiel am besten auswerten können.

Spielen Sie daher mit Ihrer Gruppe das Turmbau-Spiel.

SPIELANWEISUNG

Es werden zwei Arbeitsteams gebildet. Jedes Team erhält die Aufgabe, einen Turm mit dem folgenden zur Verfügung gestellten Material zu bauen:

3 Bogen Kartonpapier DIN A 3,
4 Bogen Papier für Entwürfe,
1 Tube Klebstoff,
1 Schere,
1 Lineal,
1 Bleistift,
1 Radiergummi.

Der Turm darf ausschließlich aus dem Material bestehen, das der Gruppe zur Verfügung gestellt wurde. Der Turm muss auf seinen eigenen Fundamenten stehen können. Er darf also weder auf eine Unterlage aufgeklebt, aufgehängt, gegen die Wand oder gegen einen anderen Gegenstand gelehnt werden.

Es dürfen nur Kartonstreifen verwendet werden, die nicht länger und breiter als das zur Verfügung gestellte Lineal sind. Der Turm muss so standfest gebaut werden, dass er das Lineal tragen kann, ohne dass er umfällt.

Die beiden Teams stehen im Wettbewerb miteinander. Jedes Team wählt aus seiner Mitte einen Beobachter, der den Arbeitsprozess begleitet und sich nicht an der Arbeit beteiligen darf. Die beiden Beobachter bilden anschließend eine Jury, die die Türme nach den Kriterien

1. Höhe
2. Standfestigkeit
3. Schönheit

beurteilt. Die Jury darf frei entscheiden, welchen Kriterien sie bei der Beurteilung der Türme den Vorrang geben wird, sie darf diese aber nicht den Teams mitteilen.

Die beiden Teams haben genau eine Stunde Zeit zum Bauen der Türme. Sieger ist die Gruppe, deren Turm die beste Bewertung von der Jury erhält.

Die Gruppen sollen während des Turmbaus möglichst in verschiedenen Räumen arbeiten.

Anschließend diskutieren beide Gruppen zunächst getrennt, dann gemeinsam darüber, wie der Arbeitsprozess in der Gruppe abgelaufen ist und welche Rolle die einzelnen Gruppenmitglieder dabei gespielt haben. Die Beobachter ergänzen dabei den Bericht der Gruppen.

Als Grundlage für die Diskussion können auch die in den folgenden Abschnitten vorgestellten Instrumente für die Gruppenprozessanalyse benutzt werden.

Gruppenprozessanalyse

Wir können den Gruppenprozess nach zwei Gesichtspunkten untersuchen: Wir können zum einen das Verhalten jedes einzelnen Gruppenmitgliedes analysieren, zum anderen aber auch die Gruppe als
Ganzes betrachten. In diesem Abschnitt sollen beide Möglichkeiten
beschrieben werden.

Sie können mit den hier dargestellten Fragebogen und Übungen
beobachten, wie sich das Verhalten einer Gruppe und der Gruppenmitglieder im Verlauf des Zusammenseins verändert.

In jeder Arbeitsgruppe können wir immer wiederkehrende Rollen beobachten, also bestimmte Verhaltensformen, die die einzelnen Gruppenmitglieder mehr oder weniger ausgeprägt zeigen. Diese Rollen
sind nicht unabhängig voneinander, sondern stehen in einer Wech-
selbeziehung. Eine bestimmte Grundform dieser Rollenbeziehungen
kehrt in den meisten Gruppen wieder:

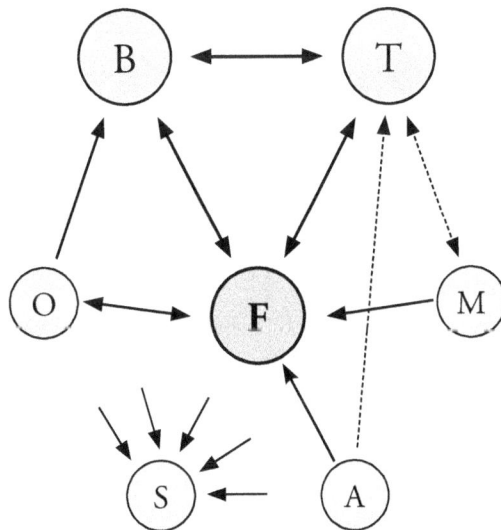

Die Bedeutung der Buchstaben in der Abbildung finden Sie auf Seite 212.

F – Der Gruppenführer

Er hat die Funktion, die Gruppenziele zu bestimmen und die Gruppe zu koordinieren. In Gruppen ohne offiziellen Führer ist die Führerrolle jedoch oft zwischen B und T aufgeteilt.

B – Der Beliebte

Er hat die Funktion, die Gruppe zusammenzuhalten. Er verkörpert die menschliche Seite der Gruppenbedürfnisse.

T – Der Tüchtige

Er verkörpert die sachlichen Bedürfnisse in der Gruppe. Er ist im Wesentlichen nicht gruppen-, sondern zielorientiert.

M – Der Mitläufer

Er orientiert sich hauptsächlich am Gruppenführer.

O – Der Opponent

Er hat auch Führungsqualitäten. Da er aber nicht Gruppenführer geworden ist, geht er in die Opposition. Er hat eine besondere Beziehung zum Gruppenführer, weil er diesem unbewusst die Position streitig macht.

S – Der Sündenbock

Oft löst der Opponent Aggressionen in der Gruppe aus. Da er aber ein »starkes« Gruppenmitglied ist, richten sich schließlich die Aggressionen gegen einen Schwächeren, den »Sündenbock«.

A – Der Außenseiter

Er hat keinen bestimmten Platz in der Gruppe. Er kann aber bei entsprechender intellektueller Qualität oft eine Beratungsfunktion übernehmen.

Diskutieren Sie darüber, wie in Ihrer Gruppe diese Rollen verteilt sind.

SOZIOGRAMM

Manchmal wird die Frage nach dem Tüchtigen und dem Beliebten in einer Gruppe als zu abstrakt empfunden, um sie beantworten zu können. Dann hilft Ihnen die folgende nette Gruppenübung, um das Rollenverhalten der Gruppenmitglieder deutlich zu machen:

Übung Lassen Sie jedes Gruppenmitglied überlegen, wen es in der Gruppe wählen würde

als **Chef**,
als **Vertrauten** bei einem persönlichen Problem,
als **Begleiter** bei einer schwierigen und gefährlichen Expedition,
als **Diskussionspartner** für eine neue Idee,
als **Gefährten** auf einer einsamen Insel,
als **Gegner** in einem sportlichen Wettkampf.

Einigen Sie sich darauf, wie viele Rollen jedes Gruppenmitglied an die anderen verteilen darf.

Jedes Gruppenmitglied darf aber eine bestimmte Rolle nur einmal vergeben. Dabei müssen die Gründe für die Wahl angegeben werden.

Sie können die Übung noch erweitern, indem Sie jedes Gruppenmitglied vorher raten lassen, von wem und in welcher Rolle es vermutlich gewählt werden wird.

Zeichnen Sie anschließend die Wahlen der Gruppenmitglieder in Form von Pfeilen auf. Sie erhalten dann ein Soziogramm der Gruppenbeziehungen.

Fragebogen zum Rollenverhalten

Die Fragebogen auf den folgenden Seiten haben nicht den Zweck, »gute« und »schlechte« Gruppenmitglieder herauszufinden oder eine »gute« und »schlechte« Gruppe. Sie sollen einer Gruppe helfen herauszufinden, wie die Mitglieder miteinander umgehen und wie sich die Art des Miteinanderumgehens verändert.

Die Ergebnisse aus den Fragebogen sind also nicht für den Gruppenleiter, sondern für die Gruppe selbst als Feedback gedacht. Wenn Sie diese Fragebogen benutzen, lassen Sie sie von der Gruppe selbst auswerten und die Gruppe über die Ergebnisse diskutieren.

1. *Welche beiden Mitglieder der Gruppe können die anderen am leichtesten beeinflussen, ihre Meinung zu ändern?*

   _____

   _____

2. *Welche beiden können die anderen am wenigsten beeinflussen, ihre Meinung zu ändern?*

   _____

   _____

3. *Welche beiden standen im Verlauf des Treffens am stärksten im Widerspruch zueinander?*

   _____

   _____

4. *Welche beiden werden von der Gruppe als Gesamtheit am meisten anerkannt?*

   _____

   _____

5. *Welche beiden sind am ehesten bereit, Mitglieder, die angegriffen werden, zu schützen und zu verteidigen?*

   _____

   _____

6. *Welche beiden versuchen sich möglichst viel ins Rampenlicht zu rücken?*

   _____

   _____

7. *Welche beiden neigen am ehesten dazu, ihre persönlichen Ziele über die Gruppenziele zu stellen?*

———————————————————————

———————————————————————

8. *Welche beiden neigen am ehesten dazu, die Gruppenziele über die persönlichen Ziele zu stellen?*

———————————————————————

———————————————————————

9. *Welche beiden waren am ehesten bereit, Themen zu erörtern, die sich nicht direkt auf die Aufgabe bezogen?*

———————————————————————

———————————————————————

10. *Welche beiden zeigten das größte Verlangen, etwas zustande zu bringen?*

———————————————————————

———————————————————————

11. *Welche beiden wollten Konflikten in den Gruppendiskussionen aus dem Wege gehen?*

———————————————————————

———————————————————————

12. *Welche beiden neigten dazu, sich von der aktiven Diskussion zurückzuziehen, wenn starke Differenzen aufzutreten begannen?*

———————————————————————

———————————————————————

13. *Welche beiden bemühten sich besonders, aufkommende Streitigkeiten zwischen anderen zu schlichten?*

———————————————————————

———————————————————————

14. *Welche beiden wünschten sich am meisten, dass die Gruppenatmosphäre herzlich, freundlich und angenehm sein soll?*

_____

_____

15. *Welche beiden waren die stärksten Rivalen hinsichtlich Macht und Einfluss in der Gruppe?*

_____

_____

16. *Welche beiden haben sich am stärksten bemüht, die Gruppendiskussion in Gang zu halten?*

_____

_____

17. *Welche beiden würden Sie auswählen, um mit Ihnen an einem Projekt zu arbeiten?*

_____

_____

18. *Mit welchen beiden reden Sie gewöhnlich am wenigsten?*

_____

_____

Fragebogen zum Lernklima

Zur Bewertung der Gruppenarbeit werden die fünf Kategorien Führung, Entscheidungen, Informationen, Atmosphäre und Kritik benutzt. Für jedes Statement können die Berwertungen 1 (»trifft nicht zu«) bis 5 (»trifft völlig zu«) vergeben werden.

FÜHRUNG

Die Diskussion springt von einem Punkt zum anderen. ☐

Die Unterhaltung ist freundlich und harmonisch, aber wenig sachbezogen. ☐

Der Gruppenleiter ist sehr damit beschäftigt, die Arbeit zu organisieren. ☐

Einige Gruppenmitglieder wechseln sich in der Führung ab und versuchen, Thema und Richtung der Diskussion zu bestimmen. ☐

Die Gruppe hat die Aufgaben untereinander verteilt. Jedes Gruppenmitglied kann zu entsprechender Zeit seinen Beitrag leisten. ☐

ENTSCHEIDUNGEN

Vorschläge werden nicht aufgegriffen oder überhört. ☐

Man beschäftigt sich mit einem Vorschlag, wenn er von anderen Gruppenmitgliedern unterstützt wird. ☐

Man einigt sich auf Kompromisse.

Einer oder mehrere versuchen, Entscheidungen gewaltsam durchzusetzen. ☐

Entscheidungen werden unter Beteiligung aller so formuliert, dass jeder zustimmen kann. ☐

INFORMATIONEN

☐ Hinter den Informationen, Ideen und Vorschlägen steht wenig Engagement.

☐ Die Unterhaltung ist freundlich, aber wenig sachbezogen.

☐ Bei unterschiedlichen Meinungen und Ideen einigt man sich auf einen »vernünftigen« Standpunkt.

☐ Bei der Diskussion versucht jeder, an eigenen Standpunkten festzuhalten und sie durchzusetzen.

☐ Ideen und Überzeugungen werden engagiert vertreten, aber man lässt sich auch von anderen überzeugen.

ATMOSPHÄRE

☐ Das Gesprächsklima ist träge und desinteressiert.

☐ Die Gruppenmitglieder sind nett und höflich zueinander.

☐ Das Gespräch interessiert und befriedigt die meisten.

☐ Die Diskussion ist heftig, die Beziehungen sind gespannt.

☐ Die Diskussion ist engagiert und lebhaft und fordert alle Gruppenmitglieder heraus. Spannungen werden angesprochen, es wird nach Lösungsmöglichkeiten gesucht.

KRITIK

Die einzelnen Beiträge werden wenig oder gar nicht kritisiert.   ☐

Fehler werden höflich übergangen.   ☐

Vorschläge werden kritisiert, mit der Aufforderung, nach besseren
Lösungsmöglichkeiten zu suchen.   ☐

Man versucht, sich gegenseitig zu kritisieren und Fehler
nachzuweisen, um die eigenen Ideen durchzusetzen.   ☐

Ideen und Vorschläge werden kritisch überprüft und nach
Möglichkeit verbessert.   ☐

LITERATUR ZU DIESEM KAPITEL
T. Brocher, Das unbekannte Ich, S. 75 ff
Rosenkranz/Geißler, Pädagogik für Ausbilder

15 Gruppenleitung

Die Art, wie eine Gruppe zusammenarbeitet, hängt nicht nur vom Verhalten der Gruppenmitglieder ab. Auch der Gruppenleiter ist dafür verantwortlich, ob in einer Gruppe eine vertrauensvolle, offene Atmosphäre herrscht oder ob ein Kampf aller gegen alle das Bild der Gruppe bestimmt.

Auch wenn der Gruppenleiter keinen Wert darauf legt – er hebt sich auf jeden Fall durch seine Stellung aus der Gruppe hervor!

Auch wenn ein Gruppenleiter nicht so viel Wert auf seine Position innerhalb der Gruppe legt, sondern mehr auf seine Funktion als Gruppenmitglied – er hebt sich auf jeden Fall durch seine Stellung aus der Gruppe hervor.

Sein Verhalten ist also nicht das Verhalten irgendeines Gruppenmitglieds, sondern es hat Modellcharakter:

Ist der Gruppenleiter aggressiv, werden auch die Gruppenmitglieder diese Tendenz haben. Spricht er offen über sich und seine Ziele, wird sein Vorbild auch andere dazu ermutigen.

Wir wollen damit nicht sagen, dass der Leiter einen Zustand des Gruppenkonformismus anstreben soll, bei dem alle gleichbleibend freundlich und »nett« um den heißen Brei herumreden und versuchen, sich möglichst nicht weh zu tun. Ein gutes Gruppenklima erkennt man daran, dass die Gruppenmitglieder ihre realen, unterschiedlichen Ziele, Bedürfnisse und die daraus entstehenden Konflikte anerkennen und sich offen bemühen, eine Lösung zu finden.

Wir können im Wesentlichen zwei gegensätzliche Arten beobachten, mit denen Gruppenleiter versuchen, ihre Führungsaufgabe zu meistern:

die **autokratisch-persuasive** Technik und die **demokratisch-partizipative** Technik.

Der autokratisch-persuasive Gruppenleiter

Die Grundeinstellung dieses Gruppenleiters ist Misstrauen und Furcht. Er hat wenig Zutrauen in die Fähigkeiten und Motive der Gruppenmitglieder. Deshalb versucht er durch Befehle, Überredung, offene oder geheime Beeinflussung die Gruppenmitglieder zu steuern und damit das Lern- oder Arbeitsziel einer Gruppe zu erreichen.

Das Kommunikationsverhalten des persuasiven Leiters ist strategisch: Er behält sich vor, die letzten Entscheidungen zu treffen. Alle wichtigen Informationen in der Gruppe sollen möglichst über ihn laufen, damit er sie kontrollieren kann und jederzeit der »bestinformierte Mann« der Gruppe ist. Um seine Entscheidungen durchzusetzen, wendet er entweder Schmeichelei oder Drohung an. Treten Komplikationen in der Gruppe auf, neigt er zur Geheimhaltung: Er versucht dann, Informationen vor der eigentlichen Arbeit der Gruppe zu sammeln und Entscheidungen ohne sie zu treffen.

Organisationsprobleme bewältigt er durch Kontrollen von oben. Die Organisation ist dazu da, die Gruppenmitglieder in Abhängigkeit zu halten. Er bevorzugt eine formale Hierarchie, klar abgegrenzte Autoritätsbereiche, Arbeitsvorschriften und Tagesordnungen. Stößt dieser Gruppenleiter auf Widerstand, dann werden seine Kontrollen einfach versteckter und subtiler.

Der demokratisch-partizipative Gruppenleiter

Oberstes Ziel des partizipativen Gruppenleiters ist die Entwicklung von gegenseitigem Vertrauen und Akzeptanz in den Beziehungen der Gruppenmitglieder untereinander. Er will der Gruppe ein hohes Maß an Freiheit gewähren, ihre Bedürfnisse selbst einzuschätzen und über ihre Ziele selbst zu entscheiden.

In der partizipativ geführten Gruppe werden alle an den Entscheidungsprozessen beteiligt. Jede Information oder Planung spielt sich innerhalb der Gruppe ab.

Der Gruppenleiter besteht nicht auf Formalitäten oder strenger Befolgung von Vorschriften, sondern ermutigt zu spontanem Handeln. Er ist ein Vorbild in der Äußerung eigener Gefühle und Bedürfnisse und in der Akzeptanz der Gefühle und Bedürfnisse der anderen.

Die Organisation der Gruppenarbeit ist so frei und ohne Vorschriften, wie es die Gruppengröße und das herrschende Vertrauens-
klima gestatten. Die Verteilung der Aufgaben und Verantwortungen
unter den Mitgliedern wird nicht durch Formalitäten, Machtansprü-
che oder Manipulation geregelt, sondern nach den Fähigkeiten und
Wünschen der Mitglieder und nach sachlichen Erfordernissen.

Gruppenleitung – Gruppenklima

Welches Klima in einer Arbeitsgruppe vorherrschend ist, kann man daran erkennen, wie in der Gruppe die folgenden vier Fragen gelöst wurden:

1. Wie sehen die **Beziehungen** der Gruppenmitglieder untereinander aus?
2. Wie wird mit **Informationen** umgegangen?
3. Wie werden die **Ziele** der Gruppe bestimmt?
4. Wie wurde das Problem der **Organisation** und Kontrolle der Arbeit gelöst?

In der folgenden Tabelle ist dargestellt, wie der persuasive und der partizipative Gruppenleiter diese Fragen lösen.

Leitung:	autokratisch-persuasiv	demokratisch-partizipativ
Beziehungen	Furcht Misstrauen Fassade	Offenheit Vertrauen Selbstvertrauen
Informationen	Strategie Verzerrung Geheimhaltung	Spontaneität Weitergabe Klärung
Ziele	Manipulation Überredung Drohung	Selbstbestimmung Anerkennung Problemlösung
Organisation	Formalitäten Kontrolle Hierarchie	Sachbezogenheit Aufgabenteilung Interdependenz

Entsprechend der angewendeten Technik reagiert auch die Gruppe. Wie die Gruppenmitglieder sich dann in den Fragen der Beziehungen, Informationen, Ziele und Organisation verhalten, sehen Sie in der folgenden Übersicht.

	Gruppenreaktionen auf persuasive Leiter	**Gruppenreaktionen auf partizipative Leiter**
Beziehungen	Misstrauen im gegenseitigen Umgang, Befürchtung persönlicher Unzulänglichkeit, Widerstand gegen Initiativen, formelle Höflichkeit, Schutzsuche in der Paarbildung, Suche nach Anerkennung, konformes und rituelles Verhalten	positive Gefühle für Gruppenmitglieder, Gefühl persönlicher Zulänglichkeit, Akzeptieren der Motive anderer, offener Ausdruck von Gefühlen und Konflikten
Informationen	Austausch von strategischen Informationen, Anwendung von Kniffen und Tricks, Geheimhaltung und Verzerrung von Informationen, Unterdrückung von Informationen, Flüsterpropaganda, Verstellung und Vorsicht	offener Austausch von Informationen, Akzeptieren neuer Informationen, hohes Ausmaß an gegenseitigem Feedback, die hinter den Zielen liegenden Informationen und Bedürfnisse werden mitgeteilt, hohes Ausmaß an Informationen mit emotionalem Gehalt, Abbau eines fassadenhaften Gesprächsverhaltens

Ziele	aktiver oder passiver Widerstand, geringes Engagement, übersteigerter Ehrgeiz, extrem hektisches oder extrem apathisches Arbeiten, Konkurrenz, Rivalität und Eifersucht, Rufe nach Autoritäten und Führern	Lösung von Konflikten, großes Engagement und Beteiligung, gemeinsame Lösungsvorschläge
Organisation	Besorgnis um Macht und Einfluss in der Hierarchie, Formalisierung von Strukturen und Verfahrensfragen, formelle Arbeitsvorschriften, Verteilung der Arbeit nach Machtgesichtspunkten, Chaos oder rigider Zwang	geringes Bedürfnis nach einer Arbeitsstruktur, die Arbeitsverteilung ist sachorientiert, flexible Organisation der Arbeit, gemeinsame Verteilung der Aufgaben, spontane und kreative Aufgabenlösung, geringes Interesse an Hierarchie oder Statusfragen

TZI macht Teams und Leiter erfolgreicher

Arbeitsbesprechungen im Team, Diskussionen in Lerngruppen oder Konferenzen, in denen alle scheinbar das gleiche Ziel verfolgen, nehmen oft nicht den erwünschten Verlauf. Will der Gruppenleiter aber nicht patriarchalisch, sondern kooperativ führen, muss er sich bemühen, ein offenes Gruppenklima zu schaffen, in dem die Beteiligten Informationen möglichst reibungslos austauschen können.

Gespräche laufen oft deshalb schief, weil sich die Beteiligten der zwischen ihnen herrschenden Spannungen meist nicht bewusst sind!

Gespräche laufen oft deshalb schief, weil sich die Beteiligten der zwischen ihnen herrschenden Spannungen meist gar nicht bewusst sind. Von Kind auf bekamen wir eingeredet, dass Spannungen unerwünscht sind (»Wir wollen uns doch nicht streiten!«).

Weil Spannungen und Aggressionen also »verboten« sind, entwickelt unsere Psyche oft raffinierte Mechanismen, emotionale Probleme zu rationalisieren: »Bitte fassen Sie das nicht persönlich auf, aber ...« – solche und ähnliche Redewendungen sind die Signale dafür.

Auch das zweite Gesprächshindernis ist tiefenpsychologischer Natur: Austausch von Informationen bedeutet meist Austausch von neuen Erfahrungen. Unsere Erfahrungen sind eine wesentliche Stütze unseres Selbstbildes, unserer Identität, wie wir gesehen haben. Die Reaktion auf neue Informationen ist daher zunächst instinktive Abwehr, eine berechtigte Abwehr, die verhindern soll, dass unser Selbstbild erschüttert wird. Unsere Waffen sind dann die bekannten Killerphrasen: »Das haben wir doch noch nie so gemacht!« – »Wer hat denn diesen absurden Plan aufgebracht?« – »Das ist schon immer so gewesen!«

Drei Komponenten – ängstliches Vermeiden von Konflikten, defensive Reaktionen gegenüber neuen Erfahrungen, falscher Führungsstil – tragen dazu bei, dass Mitglieder von Gesprächsgruppen meist nicht nur aneinander, sondern auch an sich selbst vorbeireden.

Übung Prozessbeobachtung

Sie können diese Behauptung leicht selbst überprüfen, wenn Sie in Ihrer nächsten Arbeitssitzung nicht nur auf den Gesprächsinhalt, sondern auch auf den *Gesprächsprozess* achten:

- Wer redet mit wem bzw. gegen wen?
- Enthalten Sachaussagen versteckte Angriffe gegen bestimmte Personen?
- Bleiben wichtige Dinge unausgesprochen?
- Scheinen einige etwas ganz anderes zu meinen, als sie eigentlich sagen?

Eine solche Prozessbeobachtung macht sehr schnell deutlich, dass Spannungen und Konflikte sich nicht einfach dadurch ausschalten lassen, dass sie »nicht zur Sache gehören«.

Da fragt z. B. ein Konferenzteilnehmer: »Wer hat eigentlich diesen Plan aufgebracht?« Die Antwort »Das tut doch jetzt nichts zur Sache!« ist zwar sachlich nicht anfechtbar (»Wir wollen doch hier nicht persönlich werden!«), und der Frager muss diese Antwort akzeptieren. Aber damit bleibt unausgesprochen, was eigentlich *gemeint* wurde: »Ich habe den Verdacht, dass der Organisationsleiter hinter meinem Rücken zur Geschäftsleitung gegangen ist. Ich fühle mich übergangen und bin entschlossen, diesen Plan deshalb zu sabotieren!«

Wir kommen damit zum Kernproblem eines jeden Gesprächsprozesses: *Jeder* Sachbeitrag hat immer auch eine persönliche und damit emotionale Komponente.

Die allgemeine Überzeugung lautet, dass die Aufgabe einer guten Gesprächsführung darin besteht, auf die Verfolgung des Sachzieles zu achten und persönliche Emotionen der Teilnehmer möglichst zu dämpfen. Diese Regel kann jedoch, aus den oben erwähnten Gründen, nicht funktionieren. Um ein günstiges Arbeits- und Gesprächsklima zu schaffen, bei dem sich die Teilnehmer gegenseitig akzeptieren und Probleme offen besprechen können, ist neben der Klärung der sachlichen Dinge auch die Klärung der sozio-emotionalen Beziehungen der Gesprächsteilnehmer notwendig.

Es müssen also alle drei Komponenten des Gesprächsprozesses berücksichtigt werden:

1. die Bedürfnisse des Themas
   (die Sachebene, das »Es«)

2. die Bedürfnisse des Individuums
   (die Motivebene, das »Ich«)

3. die Beziehungen in der Gruppe
   (die Beziehungsebene, das »Wir«).

Um Gesprächsgruppen erfolgreich zu machen, muss der Gesprächsleiter also unpersönliche Erziehungs-, Lern- und Kommunikationsprozesse personalisieren.

Der Gruppenleiter benötigt eine Art Zauberstab, mit dem er die geforderte Balance zwischen **Es**, **Wir** und **Ich** herstellen kann!

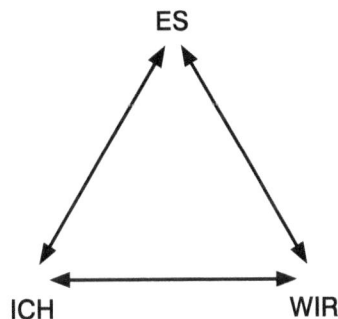

ES

ICH WIR

Dieser Zauberstab heißt TZI! Hinter diesem Wort steckt eine Sammlung praktikabler gruppendynamischer Kommunikationsregeln, die seit ihrer Entwicklung schon vielen Gruppen geholfen haben, ihre aktuellen Probleme besser als bisher zu lösen. Die **Themenzentrierte Interaktion** (**TZI**) wurde von Ruth Cohn aus Elementen der Gruppendynamik und der Kommunikationstheorie entwickelt.

Grundidee der TZI ist, dass die Kommunikationsregeln dieser Methode die Gruppenteilnehmer dazu zwingen, sensibler für die **Gesprächsdynamik** zu werden, die den Problemlöseprozess beeinflusst, ohne dabei das Sachproblem aus den Augen zu lassen.

Spannungen in einer Gesprächsgruppe dürfen nicht verdrängt, sondern müssen sichtbar gemacht werden!

Die Regeln der TZI erscheinen zunächst verblüffend einfach. Bevor
Sie aber diese Feststellung treffen, nehmen Sie doch einmal unter dem
Gesichtspunkt dieser Regeln kritisch an Ihrer nächsten Konferenz
oder Teambesprechung teil. Sie werden schnell feststellen, wie oft dagegen verstoßen wird!

Die 7 TZI-Regeln

1. *Jeder ist für sich selbst verantwortlich!*
Sprechen oder schweigen Sie, wann Sie wollen. Versuchen Sie nicht,
die Gründe für Ihr eigenes Unbehagen anderen in die Schuhe zu
schieben. Wenn Sie sich von anderen übergangen fühlen, können nur
Sie selbst es ändern. Nicht allein der Gesprächsleiter, Sie alle sind für
den Erfolg oder Misserfolg einer Aufgabe verantwortlich.

2. *Sprechen Sie nicht per »man« oder »wir«, sondern per »ich«!*
Sagen Sie also nicht: »Wir meinen doch alle ...« oder »Man sollte
jetzt aber ...«. Das suggeriert einen Konsens, der oft gar nicht vorhanden ist. Haben Sie den Mut zum »Ich« und damit zum Risiko des
persönlichen Engagements!

3. *Leiten Sie Fragen dadurch ein, dass Sie erklären, was diese für Sie
bedeuten!*
Persönliche Aussagen sind normalerweise besser als unechte Fragen.
Sie machen eigene Standpunkte klar und helfen den anderen, ebenfalls offener zu werden. Inquisitorische Fragen enthalten oft versteckte Angriffe und erzeugen Abwehr oder Gegenangriffe (»Wer hat
eigentlich diesen Plan aufgebracht?«). Sagen Sie also offen, warum
für Sie persönlich diese Frage wichtig ist.

4. *Wenn mehrere gleichzeitig sprechen wollen, muss vor der weiteren
Behandlung des Sachthemas eine Einigung über den Gesprächsverlauf
herbeigeführt werden!*
Auf diese Weise werden schnell die verschiedenen Interessen der Ge-
sprächsteilnehmer geklärt. Es wird verhindert, dass sich immer die
Vielredner durchsetzen. Es darf nur einer auf einmal reden.

5. *Gesprächsstörungen müssen vorrangig behandelt werden!*
Seitengespräche zwischen zwei Teilnehmern, Konzentrationsschwie-
rigkeiten, Langeweile, Ärger oder Ermüdung werden oft vertuscht,
um nicht zu »stören«. Oft liegen aber solchen »Störungen« wesentliche, auch für die Gruppe interessante Probleme eines Gruppenmitglieds zugrunde. Werden diese Störungen nicht behandelt, geht
der Kontakt dieses Gruppenmitglieds zur Gruppe verloren, und die
Arbeitsfähigkeit der Gruppe wird gemindert. Die Erfahrung hat gezeigt, dass der Zeitverlust, der durch die Aufarbeitung einer Störung
entsteht, durch die verbesserte Kohäsion, für das gegenseitige Verständnis und damit für die verbesserte Arbeitsfähigkeit der Gruppe
aufgewogen wird.

6. *Vermeiden Sie Interpretationen anderer, und teilen Sie stattdessen
lieber nur Ihre persönliche Wahrnehmung oder Ihre persönliche Reaktion mit!*
Interpretationen sind meistens falsch, wenig hilfreich und fordern zu
Abwehrreaktionen heraus. Sagen Sie also nicht: »Sie sind arrogant!«
oder »Sie wollen die Gesprächsführung an sich reißen!«, sondern lieber »Ich ärgere mich, weil Sie immer lächeln, wenn ich etwas sage.«
oder »Ich fühle mich gestört, weil Sie mich jetzt schon das zweite
Mal unterbrochen haben!« Sie helfen damit dem anderen, sich selbst
besser zu sehen, und haben eher eine Erklärung als einen Gegenangriff zu erwarten!

7. *Richten Sie Ihre Aussagen nicht an die ganze Gruppe, sondern
immer an bestimmte Personen!*
Sagen Sie also nicht »In dieser Atmosphäre können wir nicht produk-
tiv arbeiten!« oder »Ich fühle mich in diesem Team nicht wohl!«,
sondern »Herr X, mir ist nicht recht klar, warum Sie an dieser Be-
sprechung teilnehmen«. Denken Sie immer daran, Sie haben es nicht
mit einer »Gruppe« zu tun, sondern mit einer Anzahl von Menschen mit zum Teil ganz verschiedenen Motiven und Bedürfnissen.
Sprechen Sie also diese Menschen, nicht die Gruppe an.

Warum hat die Beachtung dieser Regeln eine so positive, nach den bisherigen Erfahrungen sogar oft verblüffende Wirkung auf das Arbeitsklima einer Gruppe? Ihnen allen ist gemeinsam, dass sie die persönliche Bezugsebene einer Gruppe verstärkt ins Gespräch bringen und die Selbstverantwortlichkeit der Gruppenmitglieder immer wieder deutlich machen. Spannungen werden damit nicht verdrängt, sondern sichtbar gemacht und damit ihre unproduktive Dynamik aufgehoben. In einem Gespräch, in dem die oben beschriebene Balance zwischen dem ES, WIR und ICH nicht erreicht, sondern sich auf die »Sache« konzentriert wird, lassen sich aber die Bedürfnisse des WIR und des ICH nicht ausschalten. Lange unfruchtbare Diskussionen könnten vermieden werden, wenn dieser Tatbestand mehr in das Bewusstsein von sachorientierten Diskussions- und Konferenzleitern träte. Damit ist auch der Einwand beantwortet, die Anwendung der TZI-Regeln sei für ein normales Arbeitsgespräch zu zeitraubend. Das verbesserte Arbeitsklima, das bessere gegenseitige Verständnis und die dadurch ermöglichte effektivere Bearbeitung von Problemen macht den zusätzlichen Zeitaufwand mehr als wett.

LITERATUR ZU DIESEM KAPITEL
T. Brecher, S. 62 ff
L. Bradford, S. 301 ff
(Die Regeln wurden dem Buch von B. Genser u. a.
entnommen, s. Quellenverzeichnis.)

Anhang 1: Lösungshinweise

Test: Figuren nach Größe ordnen   Seite 23 ff

C (1); H (2); A (3); B (4); G (5); I (6); D (7); J (8); F (9); E (10)

NASA-Weltraum-Spiel   Seite 26 ff

15. Streichhölzer
*Wenig oder kein Nutzen auf dem
Mond*

4. Lebensmittelkonzentrat
Täglicher Nahrungsbedarf

6. Fünfzig Fuß Nylonseil
*Nützlich, um Verletzte zu leiten und
zum Klettern*

8. Fallschirmseide
Sonnenschutz

13. Tragbares Heizgerät
Nur auf der dunklen Seite notwendig

11. Zwei 0,45-Kal.-Pistolen
*Mit ihnen könnten Antriebsversuche
gemacht werden*

12. Trockenmilch
*Nahrung, mit Wasser gemischt
trinkbar*

1. Zwei 100-Pfund-Tanks Sauerstoff
Zum Atmen notwendig

3. Stellar-Atlas (Mondkonstellation)
*Eines der wichtigsten Hilfsmittel, um
Richtungen zu bestimmen*

9. Sich selbst aufblasendes
Lebensrettungsfloß
*CO_2-Flaschen (zum Aufblasen des
Floßes) als Antrieb zum Überwinden
von Klüften etc.*

14. Magnetkompass
*Wahrscheinlich kein polarisiertes
Magnetfeld auf dem Mond, daher
nutzlos*

2. Fünf Gallonen Wasser
*Ersetzt Flüssigkeitsverlust, der durch
Schwitzen entsteht*

10. Signal-Leuchtkugeln
Notsignal, wenn man in Sichtweite ist

7. Erste-Hilfe-Koffer mit
Injektionsnadeln
Wertvolle Tabletten oder Injektionen

5. Mit Sonnenenergie angetriebener
UKW-Sender/Empfänger
*Notsignal-Sender; vielleicht ist
Kommunikation mit dem Mutterschiff
möglich*

Seite 41 ff
Problemlösungs-Spiel „Mipps und Wors"
Der Mann fährt von A nach D in 23/30 Wors

Seite 57 f
Kreativitäts-Übung: 9 Punkte verbinden

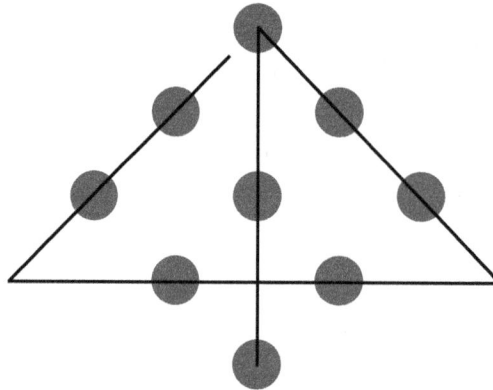

Seite 89 ff
Kooperations-Spiel: „Gewinnt so viel ihr könnt!"

Die Spieler können in diesem Spiel alle vorhandenen 200 Spielpunkte (also die ganze »Bank«) vom Spielleiter gewinnen – aber nur, wenn alle vier Paare eine gemeinsame Strategie verfolgen. (Wenn alle in jeder Runde »Rot« wählen, erhält jedes Paar im Verlauf der 10 Spielrunden zu den eigenen 25 Punkten 25 weitere Gewinnmarken – rechnen Sie es aus!). Versucht dagegen jedes Paar im Alleingang die (scheinbar günstige) Farbe »Schwarz« zu wählen (die ja in drei von vier Fällen Gewinnpunkte bringt), besteht die Möglichkeit, dass die Paare sogar ihr Anfangskapital von 25 Punkten verlieren (wenn alle Paare in allen Runden »Schwarz« wählen!). Der Spielleiter erhält dann die ganze Bank!

Im Verlauf des Spiels werden die vier Paare also zwischen der Möglichkeit, im Alleingang oder gemeinsam mit den anderen Paaren dem

Spielleiter Spielpunkte und damit den Gewinn abzunehmen, hin-
und hergerissen. Nur wenn sich alle Paare einigen können, gewinnt
der Spielleiter nichts.

Nur durch gute Kooperation kann also der gemeinsame Gewinn
gesteigert werden! Erinnern Sie sich: Die Spielregel lautete lediglich:
»Gewinnt, so viel ihr könnt!«

Diskutieren Sie nach dem Spiel darüber, wie diese Regel aufgefasst
wurde – als Ziel für die Gesamtgruppe oder als Anweisung für die
eigene »Clique«?

Übung: Entschlüsseln von Körpersprache Seite 176 ff

Beachten Sie, dass die zu den Figuren genannten Interpretationen
der Körpersprache nur eine Auswahl aus möglichen Interpretationen
darstellen!

Figur A:
desinteressiert, darstellend, resigniert, zweifelnd, fragend

Figur B:
selbstzufrieden, ungeduldig, darstellend, zwanglos, wütend

Figur C:
erstaunt, dominant, misstrauisch, unentschlossen, zurückhaltend

Figur D:
schüchtern, unsicher, schamhaft, bescheiden, traurig

Anhang 2: Tipps für Profi-Spielleiter

Für den Fall, dass Sie die Spiele und Übungen dieses Buches nicht nur als Gesellschaftsspiel, sondern gezielt für Verhaltenstraining oder die Verbesserung von Gruppenbeziehungen einsetzen wollen, möchten wir Ihnen noch ein paar Tipps für die Auswertung mitgeben.

Zunächst ist wichtig, dass Sie den Gruppenteilnehmern klarmachen, dass der *Inhalt* der Spiele und Übungen nebensächlich ist – wesentlich ist, dass mit ihnen Situationen und Probleme simuliert werden, mit denen Gruppen auch im Alltag laufend zu tun haben: Entscheidungen fällen, Konflikte lösen, Kompromisse schließen oder Aufgaben planen und durchführen. Sie können daher Ihre Gruppenteilnehmer mit gutem Gewissen darauf hinweisen, dass deren Verhalten in einer Spielsituation nicht allzu sehr von der Art abweichen wird, wie sie im Ernstfall Entscheidungen fällen, Verhandlungen führen, Probleme lösen etc.

Die dargestellten Spiele und Übungen haben also im Wesentlichen *Vehikelfunktion* – sie sind nur Grundlage und Anregung für das anschließende Gespräch. In einem professionellen Training dürfen die Übungen daher nicht zum Selbstzweck werden, sonst besteht die Gefahr, dass mit ihnen bestehende Probleme eher überspielt anstatt offengelegt werden!

Wesentlich ist daher, dass Sie sich genügend Zeit für die sorgfältige *Auswertung* der Spiele und Übungen nehmen.

Eine anschließende Diskussion ist also nicht nur Anhängsel, sondern der wichtigste Bestandteil einer jeden Übung. (Und nichts spricht dagegen, dass diese bei Gruppen, die auch im Alltag zusammenarbeiten, in eine Diskussion *aktueller Probleme* der Zusammenarbeit der Gruppe einmündet.)

Lassen Sie sich in den Diskussionen nicht durch das Argument beirren, ein Spiel sei ja kein Ernstfall und entsprechend würde man sich hier auch ganz anders verhalten. (Denken Sie z. B. nur an Ihre eigenen Erfahrungen beim »Mensch ärgere dich nicht« oder beim »Malefiz«, wo sich auch ganz schnell typische, auch im Alltag zu beobachtende Verhaltensweisen der Mitspieler zeigen.) Also: Ein Spiel bildet die Wirklichkeit der Zusammenarbeit in der Regel verblüffend ähnlich ab!

Eine weitere Voraussetzung für eine gelungene Auswertung ist, dass die während eines Spiels gemachten Erfahrungen von den Teilnehmern im anschließenden Gespräch möglichst *offen* besprochen werden.

Oft ist diese Forderung jedoch nicht so einfach zu realisieren: Neue Erfahrungen – vor allem über sich selbst – rütteln unter Umständen erheblich am eigenen Selbstbild. Dies kann sich in der Diskussion in einem typischen Fluchtverhalten äußern:

Beharrliches Schweigen, Aggressionen, Übungen »dumm« oder »lächerlich« finden, Beschuldigungen untereinander oder an die Adresse des Gruppenleiters sind dann Reaktionen, auf die Sie sich einstellen müssen – solche Verhaltensweisen können Sie in der Regel als Flucht vor der Auseinandersetzung mit dem eigenen Verhalten und mit den gemachten Erfahrungen deuten.

Ein erfahrener Gruppenleiter wird dies schnell erkennen und entsprechend intervenieren – z. B. dadurch, dass er darüber kommuniziert, *wie* die Gruppe miteinander kommuniziert (sogenannte »Metakommunikation«).

Einfacher haben Sie es bei solchen Interventionen, wenn Sie die Gruppe schon vorab auf bestimmte Umgangsformen untereinander – insbesondere für die Auswertungs-Diskussionen – verpflichtet haben.

Wesentliche Regeln haben wir im Folgenden für Sie zusammengestellt – und schauen Sie sich in diesem Zusammenhang auch die Regeln für richtiges Feedback (Seite 131 ff) und zur Themenzentrierten Interaktion (Seite 230 ff) noch einmal an.

Dass diese Regeln auch für Sie selbst als Gruppenleiter gelten, sollte dabei selbstverständlich sein!

7 Regeln für Auswertungs-Diskussionen

1. Sie können nur die Erfahrungen machen, die Sie auch machen *wollen*! Wenn Sie also von vornherein mit einer Abwehrhaltung an ein Spiel herangehen, dann wird sich eine solche Einstellung (im Sinne einer »self-fulfilling prophecy«) für Sie natürlich auch bestätigen.

Verpflichten Sie sich selbst, während des Spiels offen für sich selbst und für neue, auch ungewohnte Erfahrungen zu sein.

2. In den Spielen helfen Ihnen andere Gruppenmitglieder, über sich selbst neue Erfahrungen und Informationen zu gewinnen.

Helfen auch Sie den anderen dadurch, dass Sie selbst bereit sind, über Ihre während der Spiele und Übungen gemachten Erfahrungen und Erlebnisse zu sprechen!

3. Es ist oft unangenehm, anderen Wahrheiten zu sagen. Bedenken Sie aber, dass alle an den Spielen und Übungen teilnehmen, weil sie mehr über sich erfahren wollen.

Versuchen Sie also, offen darüber zu sprechen, wie Sie die anderen erlebt haben!

4. Ihr Verhalten in der Gruppe und das der anderen Gruppenmitglieder sind nicht »zufällig« – unbewusst werden Sie Gefühle und Verhaltensweisen wiederholen, die Sie während Ihres Sozialisationsprozesses erlernt haben.

Versuchen Sie, dies für sich und andere zu klären, indem Sie offen über Ihre Beziehungen zu anderen in der Gruppe sprechen!

5. Hinter allen Ihren Gesprächsbeiträgen steckt ein Motiv, und meistens haben bestimmte andere Personen damit zu tun.

Sprechen Sie daher immer einzelne Personen und nicht die Gruppe als Ganzes an!

6. Wir verstecken unsere Angst vor Emotionen – Ärger, Aggressionen, aber auch Zuneigung – oft hinter einer rationalen Fassade.

Vermeiden Sie daher ein intellektuelles Ausweichen in sachliche Erklärungen, die keine wirklichen Mitteilungen sind – erforschen Sie ehrlich Ihre augenblicklichen Gefühle, und teilen Sie diese mit!

7. »Man weiß ja allgemein ...«, »Ich habe immer Schwierigkeiten ...« – mit solchen allgemeinen Redewendungen weichen Sie einer Offenlegung Ihrer augenblicklichen Gefühle und Gedanken aus.

Versuchen Sie daher, sich in Ihren Mitteilungen immer auf das Hier und Jetzt der Gruppensituation zu beziehen!

Quellenverzeichnis

Abt, Clark C.: Ernste Spiele. Lernen durch gespielte Wirklichkeit. Köln (Kiepenheuer & Witsch) 1971

Antons, Klaus: Praxis der Gruppendynamik. Übungen und Techniken. Göttingen (Hogrefe) 2000

Asch, S.E.: Forming impressions of personality. Journal of Abnormal and Social Psychology, 41 (1946), S. 258 - 290

Bales, Robert F.: Symlog. Ein System für die mehrstufige Beobachtung von Gruppen. Stuttgart (Klett-Cotta)1982

Birkenbihl, Michael: Train the trainer. Arbeitshandbuch für Ausbilder und Dozenten. Landsberg/Lech (Verlag Moderne Industrie) 2002

Blake, Robert Rogers; Mouton, Jane S.: Verhaltenspsychologie im Betrieb. Düsseldorf (Econ) 1992

Bradford, Leland Powers (Hrsg.): Gruppen-Training. T-Gruppentheorie und Laboratoriumsmethode. Stuttgart (Klett) 1972

Brocher, Tobias: Das unbekannte Ich. Eine Einführung in die Psychologie des Alltags. Reinbek b. Hamburg (Rowohlt) 1977

Brocher, Tobias: Gruppendynamik und Erwachsenenbildung. Zum Problem der Entwicklung von Konformismus oder Autonomie in Arbeitsgruppen. Braunschweig (Westermann) 1980. *Neuauflage als:* Gruppenberatung und Gruppendynamik. Leonberg (Rosenberger Fachverlag) 1999

Claessens, Dieter: Rolle und Macht. München (Juventa) 1974

Clark, Charles: Brainstorming. Methoden der Zusammenarbeit und Ideenfindung. München (Verlag Moderne Industrie) 1979

Cohn, Ruth C.: Von der Psychoanalyse zur themenzentrierten Interaktion. Stuttgart (Klett) 1975

Fast, Julius: Körpersprache. Reinbek b. Hamburg (Rowohlt/Wunderlich) 2001

Genser, Burkhardt u.a.: Lernen in der Gruppe. Theorie und Praxis der themenzentrierten interaktionellen Methode (Ruth C. Cohn). Hamburg (Arbeitskreis f. Hochschuldidaktik) 1972

Hofstätter, Peter Robert: Gruppendynamik. Kritik der Massenpsychologie. Reinbek b. Hamburg (Rowohlt) 1982

Hofstätter, Peter Robert; Tack, Werner H.: Menschen im Betrieb. Stuttgart (Klett) 1967

Hinst, Klaus (Hrsg.): Wir und die anderen. Eine Sozialpsychologie des Alltags. Reinbek b. Hamburg (Rowohlt) 1976

le, Oswalt: Der Mensch lebt nicht vom Geld allein. Was jeder über Betriebspsychologie wissen muss. Hamburg (von Schröder) 1967

Luft, Joseph: Einführung in die Gruppendynamik. Stuttgart (Klett-Cotta) 1986 *Taschenbuch-Ausgabe:* Frankfurt a. M. (Fischer Taschenbuch-Verlag) 1993

Mayo, Elton: Probleme industrieller Arbeitsbedingungen. Frankfurt a.M. (Verl. d. Frankfurter Hefte) 1949

McGregor, Douglas: Der Mensch im Unternehmen. München (Econ) 1982

Mills, Theodore M.: Soziologie der Gruppe. München (Juventa) 1976

Moore, Robert Emmet: Die Tür zum Mitmenschen in Beruf und Familie. Düsseldorf (Econ) 1963

Moshack, Gustav: Menschen arbeiten miteinander. Stuttgart (Konradin) 1958

Oldendorff, Antoine: Grundzüge der Sozialpsychologie. Betrachtungen über die Problematik der sozialen Wirklichkeit. Köln (Bachem) 1965

Pfeiffer, J. William; Jones, John E. (Hrsg.): Handbook of Structured Experiences for Human Relations Training. Pfeiffer & Company 1981

Popitz, Heinrich: Der Begriff der sozialen Rolle als Element der soziologischen Theorie. Tübingen (Mohr Siebeck) 1975

Richter, Horst-Eberhard: Die Gruppe. Hoffnung auf einen neuen Weg, sich selbst und andere zu befreien. Reinbek b. Hamburg (Rowohlt) 1987. *Neuausgabe:* Gießen (Psychosozial-Verlag) 1995

Rohn, Walter Ernst: Führungsentscheidungen im Unternehmensplanspiel. Essen (Girardet) 1964

Rosenkranz, Hans; Geißler, Karlheinz A.: Pädagogik für Ausbilder. Curriculare Ansätze zur psychologisch-pädagogischen Qualifikation von Ausbildern im Betrieb. Wiesbaden (Gabler) 1977

Ruhloff, Jörg: Ein Schulkonflikt wird durchgespielt. Heidelberg (Quelle u. Meyer) 1970

Schmidbauer, Wolfgang: Sensitivitätstraining und analytische Gruppendynamik. München (Piper) 1974

Schutz, William C.: Freude. Abschied von der Angst durch Psycho-Training. Reinbek b. Hamburg (Rowohlt) 1971

Setzen, Karl M.: Die Gruppe als soziales Grundgebilde. Heidenheim (Heidenheimer Verlagsanstalt) 1971

Shubik, Martin: Spieltheorie und Sozialwissenschaften. Frankfurt a.M. (S. Fischer) 1965

Sikora, Joachim: Die neuen Kreativitäts-Techniken. Mehr Erfolg durch schöpferisches Denken. München (König) 1972

Vopel, Klaus W.; Kirsten, Rainer E.: Kommunikation und Kooperation. Ein gruppendynamisches Trainingsprogramm. München (Pfeiffer b. Klett-Cotta) 1993. *Neuausgabe:* Salzhausen (iskopress) 2000

Werner, Hans Detlef: Motivation und Führungsorganisation. Leitlinien zur Erneuerung betrieblicher Führungspraxis. Heidelberg (Sauer) 1972

Zwicky, Fritz: Entdecken, Erfinden, Forschen im morphologischen Weltbild. München, Zürich (Droemer Knaur) 1971

Register mit Verzeichnis der Spiele, Übungen und Tests

Präsentieren ist Überzeugungsarbeit.
Überzeugen!
Nicht „brillant" informieren.
Nicht beeindrucken.
Nicht überreden!

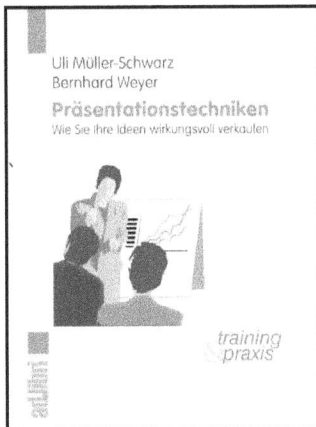

Uli Müller-Schwarz
Bernhard Weyer

Präsentationstechniken

Wie Sie Ihre Ideen
wirkungsvoll verkaufen

Mit zahlreichen Abbildungen
und Checklisten

204 Seiten, kartoniert
ISBN 978-3-89927-003-7

22,00 EUR

Jeder Praktiker weiß: Es ist viel leichter, ein Konzept zu erarbeiten, als die Realisierung auch durchzusetzen.

Dieses Buch bewahrt davor, auf dem Weg zu einer wirklich guten Präsentation die falschen Schritte zu tun – zum Beispiel sich und die Teilnehmer mit Fakten vollzustopfen oder vor der Präsentation einen Rhetorik-Kurs zu besuchen!

Die Autoren zeigen, wie man Ideen wirksam verkauft, Fakten und Ergebnisse verständlich und vor allem entscheidungsreif präsentiert und wie man seine Präsentationen, Vorträge und Verkaufsgespräche durch moderne Kommunikations- und Visualisierungstechniken nachhaltig unterstützt.

Aus dem Inhalt

– Wie Sie Präsentationen planen und vorbereiten.

– Wie Sie unterschiedliche Zielgruppen
  wirkungsvoll ansprechen.

– Wie Sie mit den Reaktionen der Zuhörer
  effektiv umgehen.

– Wie Sie Ihre Vorschläge anschaulich und
  entscheidungsreif gestalten.

– Wie Sie dabei Medien wirkungsvoll einsetzen.

Eine ausführliche *Inhaltsangabe* und eine *Leseprobe* finden Sie unter
www.adlibri.de/training

www.ingramcontent.com/pod-product-compliance
Lightning Source LLC
Chambersburg PA
CBHW080608270326
41928CB00016B/2968